〈新装版〉

海の王国・琉球

「海域アジア」大交易時代の実像

上里隆史

ボーダーインク

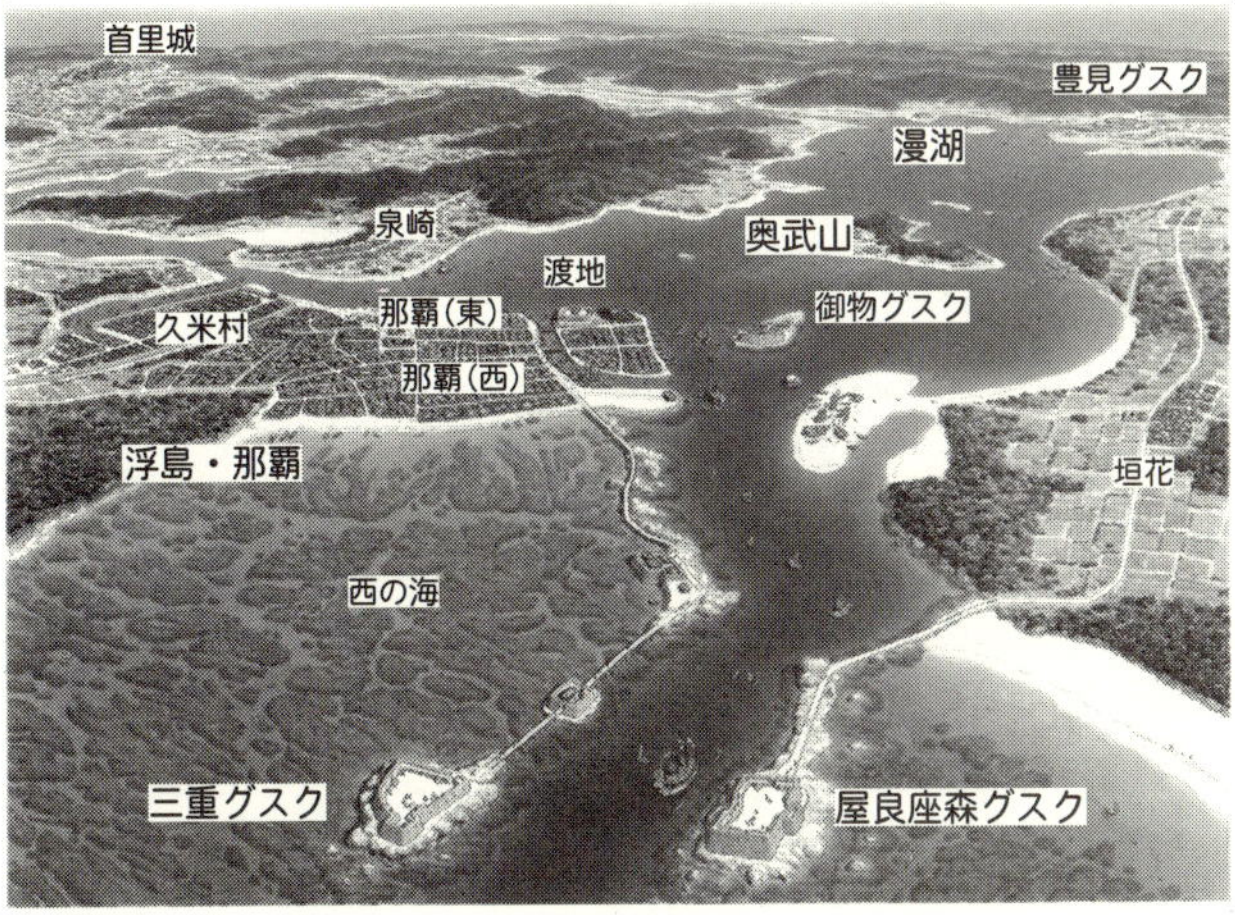

【那覇港イラスト解説】

イラスト　香川元太郎
監　修　上里　隆史

16世紀後半の那覇港を想定復元したイラスト。那覇はかつて「浮島」と呼ばれ独立した島であった。浮島の南側には広い内海（漫湖）が広がっており、多数の船舶が安全に停泊できる良港であった。サンゴ礁の細い海道が港の入口で、左右には南岸の屋良座森グスク、北岸の三重グスクの要塞で防御されていた。内海の小島には貿易倉庫の御物グスクがあり、渡地村には硫黄を貯蔵する硫黄グスク、内海奥には豊見グスクが配置され、首里城からは真珠道を経由して豊見グスク、那覇港南岸へ軍勢を展開する定めになっていた。浮島には東・西の地区と「土城」で囲まれた華人居留地の久米村、若狭町があった。また久茂地川を隔てて南側には泉崎があり、橋で連結されていた。

はじめに

南西諸島はほとんどの島がその周囲をサンゴ礁によって囲まれている。沖縄の美しい海岸に行くと、海の先に堤防のような白波が立つ帯を見ることができる。その帯状の岩がリーフ（岩礁）である。そしてリーフからさらに沖の方は海の色が深い青色になっており、リーフの内側はエメラルドグリーンで、海の色がリーフを境にくっきりと分かれている。エメラルドグリーンの海はサンゴ礁が群生する浅い内海状になっており、ラグーンと呼ばれる（沖縄ではイノーという）。観光で海水浴を楽しむには沖縄の海は申し分ないが、前近代の木造帆船にとって、このサンゴ礁は非常に厄介な存在であった。船が岸に近づくと、このサンゴ礁によって座礁する危険があったからだ。

「琉球王国」。今から約一三〇年前まで、日本列島の南方に連なる南西諸島に存在した独立国家である。

西暦二〇〇〇年ユネスコに登録された世界（文化）遺産「琉球王国のグスク及び関連遺産群」が、往時の王国の姿をしのばせる。そのひとつ、王国の中心であった首里城（那覇市）は年間二〇〇万人以上が訪れる沖縄でも屈指の観光地となっている。また同じ世界遺産の斎場御《せーふぁーう》嶽《たき》（南城市）は王国最高の神女・聞得大君《きこえおおぎみ》が就任式（御新《おあら》下《お》り）を行う聖地であり、「パワースポット」として本土からの観光客で連日にぎわっている。

訪れた観光客は異国情緒ただよう史跡から、沖縄が本土と異なる歴史を歩んだことを肌で実感するはずである。現在に継承されている文化・風習も本土と異なったものが少なくなく、沖縄の人々は自らを「ウチナーンチュ（沖縄の人）」、沖縄以外の本土の人々を「ヤマトンチュ（大和の人）」と呼んで区別するが、その背景には沖縄がかつて独立国家を形成し、本土とは異なる歴史を歩んできたことがある。

沖縄の歴史というと、これまで近代以降の歴史、一九四五年の沖縄戦や一八七九年の琉球処分（王国の滅亡、沖縄県設置）、あるいは戦後の米軍統治時代などが想起されてきた。現在の基地問題とも関連してこれらの問題がしばしば話題にのぼる。

「琉球王国」の歴史が全国的にクローズアップされるきっかけは、おそらく一九九二年の首里城復元と、翌一九九三年にＮＨＫで放送された大河ドラマ『琉球の風』からであろう。一六〇九年の薩摩島津軍の琉球侵攻事件をテーマとした本ドラマは視聴率こそふるわなかったものの、日本全国に「琉球王国」の存在を知らしめるのに大きな役割を果たした。

そして前述のように二〇〇〇年には首里城をはじめとした王国時代の史跡が世界遺産に登

録され、二〇〇八年には琉球王国末期を舞台にした小説『テンペスト』（池上永一著）がヒット。二〇一一年にはドラマ化もされた。本土では戦国時代や幕末の歴史をはじめとした小説やドラマのみならず、刀剣や城の擬人化、アニメやゲームの題材として活用されるエンターテイメント化の動きが盛んになっていて、人々の身近な存在となっている。琉球史に関しても、これに遅れて同様の潮流が起きつつある。手前味噌ながら、二〇〇七年刊行の拙著『目からウロコの琉球・沖縄史』（ボーダーインク）は琉球史を「楽しむ」ことを前面に押し出した書籍として沖縄県内で好評を博した。現在では琉球史のエンタメ化の流れは多岐にわたり、沖縄観光のコンテンツとしても注目されつつある。今や前近代・琉球の歴史が一定の認知度を獲得したといえよう。

こうした琉球史像普及の背景には歴史研究の隆盛がある。

沖縄の歴史を、それまでのように日本の一地方史として扱うのではなく、「琉球史」という独自の歴史像としてとらえる新たな動きは、高良倉吉の『琉球の時代』（筑摩書房）が刊行された一九八〇年代以降、さかんとなった。並行して行われた『沖縄県史』、『那覇市史』をはじめとした地域史編集事業を通じて、前近代の琉球史像がより深化していったのである。

さらにその後も日本史や中国史などの歴史学研究、考古学分野の研究者が参入し、他の歴史分野と同じように「琉球史」が研究対象として扱われるようになり、本土や海外出身の研究者が沖縄の地元出身者かどうかにかかわらず、琉球を自らのテーマとして分析を進め、今日に至っている。

歴史研究の一連の動きは当初、琉球・沖縄のアイデンティティ確立をめざす地域史研究の性格を帯びていた。そのため琉球・沖縄の独自性の淵源ともなった「琉球王国」をより強調した、一国史的な視点から研究が進められた傾向がある。

むろん、こうした「琉球王国」の存在と歴史的意義を積極的に評価する研究がなければ、沖縄の歴史は依然として現代の国民国家像をそのまま過去に遡及させた「日本国史」に回収されたままの「郷土史」にとどまっていたであろう。

現在の「日本国」のなかに、かつて「琉球王国」という独立国家が存在したこと、その歴史的意義を認めることが、「日本」社会が平板な単一社会ではなく、多様な個性を持つ地域をとりこみながら歴史的に形成されてきたという事実を認識させ、日本史像をより豊かにすることにもつながるのである。

琉球の歴史は「日本国」との関係でのみ完結するものではない。本書で試みるのは、国境を越えた「海域史」という視点から、琉球王国の形成と展開の歴史を読みなおすことである。そこから見えてくるものは、広大な海域アジアの世界に開かれた姿と、そのうえに成り立つ人々の営みである。

目次

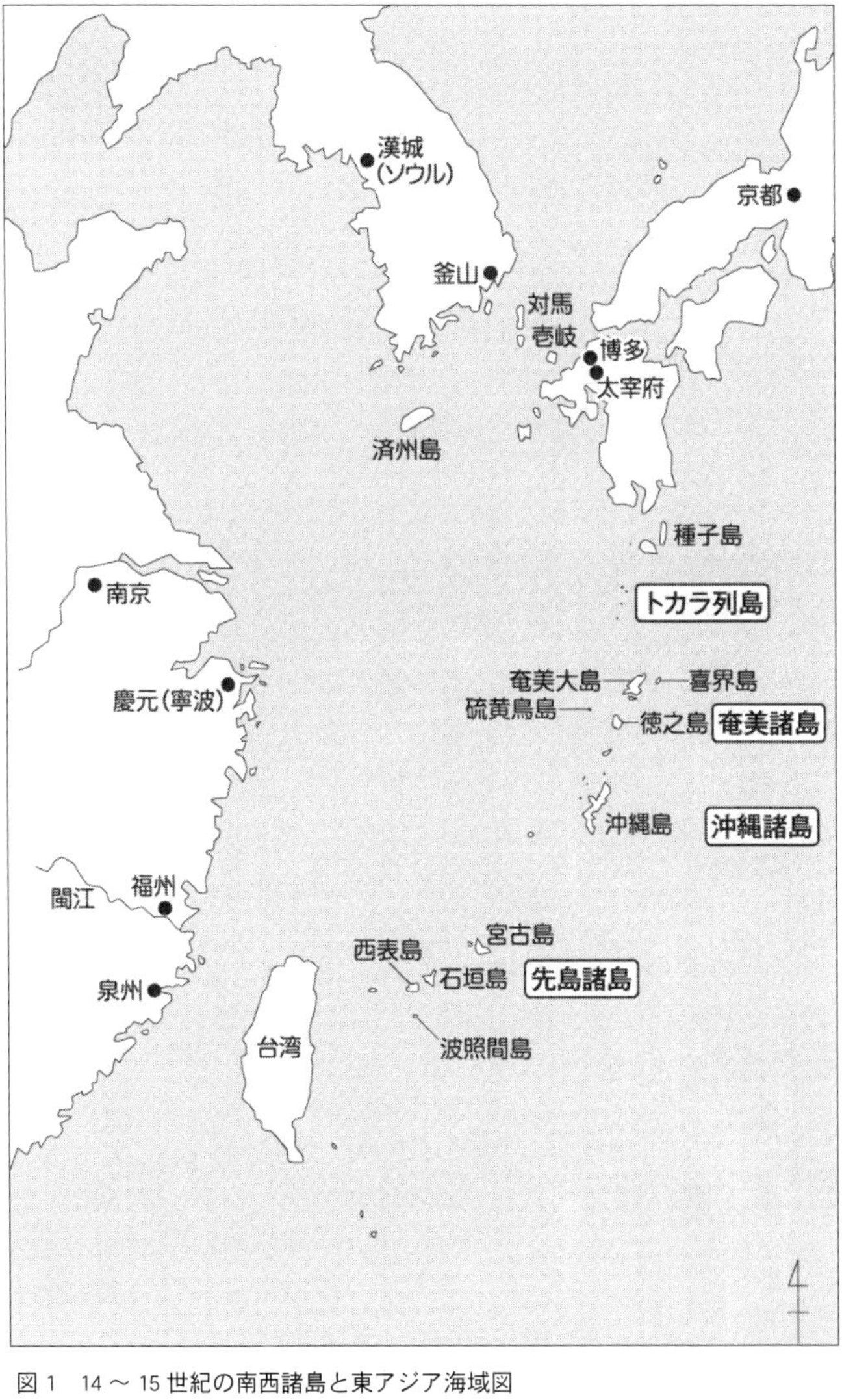

図１　14 ～ 15 世紀の南西諸島と東アジア海域図

序章　「海域史」という新視点

歴史研究の隆盛にともない、今や琉球史は独自の研究領域として確立した。だがその過程で、琉球がその歴史的展開において対外世界から受けた影響が大きかった事実もまた明らかになってきた。

琉球と対外世界との関係について、琉球と中国（明・清朝）の関係史からみれば、琉球は朝貢《ちょうこう》国の一つであり、国王は代々、中国皇帝から冊封《さくほう》（任命）されていた。琉球という国家は中国王朝の設定した国際秩序の枠組みに大きく規定されていたのである。福建から移住した華人居留地も琉球にあり、中国的文化を積極的に採り入れ、歴史的に中国から多大な影響を受けているのはまちがいない。

その一方で、言語学や民俗学では沖縄文化に日本の原型、古層が残るともいわれてきた。日本本土（ヤマト）との関係をみれば、たとえば琉球語（ウチナーグチ）は日本語の二大系統の一つであり、本土ではすでに廃れた古語が沖縄に残されているともいい、沖縄の御嶽信仰が日本神道の原型だ、と説く研究者もいる。

形質人類学の近年の研究では十二世紀頃より北方（ヤマト）からのヒトの流れが活発化し、沖縄の人々の頭蓋骨の形質が中世日本人のそれとあまり変わらなくなってくるという。

それぞれの研究する対象によって、見える琉球の「顔」がまったくちがってくるのである。こうした事実を取り上げ、琉球は歴史的に中国の領土であったとか、あるいは琉球はやはり日本の一地方にすぎないと自らの政治的主張に利用する論者も一部にいる。独自の王国としての琉球像、「日本」・「中国」的要素、どれが琉球の「本質」なのであろうか。分裂した琉球像をどう整合させればいいのか。

実像は「古琉球」の時代に

独自の歴史としての「琉球史」の研究が進んだ今、その研究成果を評価・継承しつつ、あらためて対外世界と琉球との関係をみなおし、そのうえで新しい歴史像を描いていく必要を感じる。

琉球史研究では、その歴史的推移と対応するかたちで独自の時代区分が設定されているが、十二世紀頃から一六〇九年薩摩軍侵攻までの時代を「古琉球」、一六〇九年以降、一八七九年の明治政府による琉球王国併合、いわゆる琉球処分までを「近世琉球」と呼ぶ。古琉球は琉球王国が成立し、アジア各地との中継貿易で繁栄した時代、近世琉球は日本の幕藩制国家と中国清朝に「二重朝貢」しながら国家を運営していく時代である。

本書が扱う範囲は「古琉球」の時代である。

琉球・沖縄の枠組み、社会・文化の基礎が形作られたのがこの古琉球という時代であり、この時代を再検討することで、琉球の実像に迫れるのではないか。

その際に、歴史研究の新たな潮流のなかで琉球史像をとらえなおす作業が必要である。

歴史研究において「一国史観」が批判されて久しい。「アジアのなかの琉球」とは言うが、それらは結局「東アジア世界」という枠組みが「日本」や「中国」、「朝鮮」といった固定化された「国家」の集合体であり、「一国史観」にもとづき国家権力同士が外交・貿易活動の「線」によってつながる関係史であった。こうした見方ではなく、民間の動きもふくめ、国境を越えた「海域史」の視点からダイナミックに歴史を読み替えていこうとする動きが近年歴史学界で生まれてきている。

「海域史」とは陸と海とを峻別せず、「航海・貿易、海賊、海上民といった海の世界そのものの歴史だけでなく、海をはさんだ陸同士の交流や闘争、海上と陸上の相互作用などを含」む歴史である（桃木志朗編『海域アジア史研究入門』）。

いわば従来の《東アジア世界》は「線」の関係史の見方、《海域アジア世界》は「面」の交流史であり、とらえ方は異なるのである。

なお「海域」は国家のように固定された領域として存在するのではない。問題関心や分析対象に応じて自由に、柔軟にその範囲を設定する。たとえば《博多・対馬と朝鮮半島海域》あるいは《中国江南地域と琉球、南九州海域》、大きくすれば《海域アジア＝東シナ海・南シナ海域》、小さくすれば《奄美大島北部と喜界島海域》などである。こうしたなかでは従来の国家間の関係史や《東アジア》といった陸上視点の見方も完全に排除するのではなく、地域と国家を並存させて見ることもできる。

王国と海上ネットワーク

地球の約七〇パーセントは海である。だが従来の歴史は陸上メインの歴史であり、海は外の世界を隔てる「壁」として、顧みられてこなかった。たとえば沖縄県の陸上面積は全国で下から四番目（香川県・大阪府・東京都に次ぐ）に小さい。だが海域の視点で陸と海を一体の世界としてとらえれば、沖縄県は本州の半分近くをカバーする広大な領域となる。日本でもっとも領域を持つ県は、実は沖縄県であり、奄美をふくむ鹿児島県なのである。

沖縄県の最南端・波照間島は日常的に北方の西表島の南岸とヒトとモノの往来があり、海をはさんだ島と島とが一つの生活圏となっていた。島北岸にある大泊浜《おおどまりはま》貝塚の十二世紀頃のもとみられる地層からはイノシシの骨やシジミの貝殻が出土しているが、波照間島ではイノシシやシジミは生息していない。これらは北の西表島産とみられる。

また十五世紀後半の波照間島は米や木材を西表島から調達していた（『朝鮮成宗実録』）。波照間島は「絶海の孤島」ではなかったのである。海域の視点を導入することで、海によって開かれた世界の広がりをとらえることが可能となる一例である。

このように琉球史はその歴史が海の世界と密接不可分に結びついていた。琉球の歴史の舞台となった奄美大島から与那国島までの海域は東西約七〇〇キロ、南北約五〇〇キロにわたる広大な海域であり、いくつもの島嶼で成り立っていた。島々は孤立しておらず海のネットワークでつながり、その海域のなかでいくつもの世界を形成していた。

王国の支配とは実に船によってつながる海上ネットワークの支配であり、陸上視点の国家観ではその実態を充分把握できない。

琉球はまさに「海域史」のなかでとらえるべき地域なのである。そこでは、海域における対外交流の主体を琉球王府に限定して「王国の外交・交易史」を描くだけではなく、海域アジア（東シナ海域＋南シナ海域）をつなぐ民間主導の交易ネットワークに包摂された一つの拠点としての琉球の性格に注目し、そこに現地の人々と政治・経済・文化がどのように関与したかを考察していくことで、古琉球の特質をより鮮明に浮かび上がらせることが可能になる。

波照間島から西表島を望む　撮影；筆者

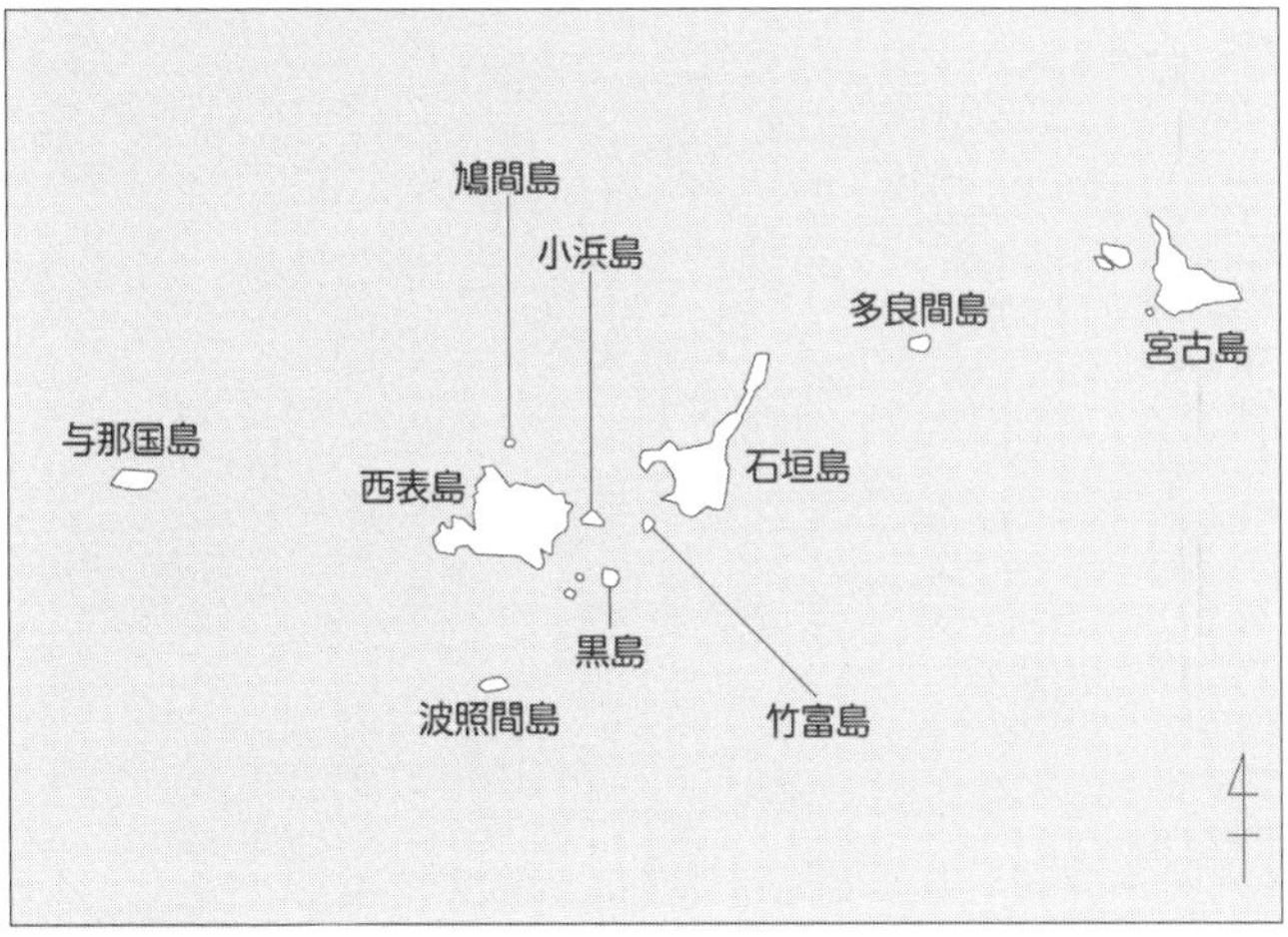

図 2　先島諸島

「王統史観」の克服

また琉球史を読みなおしていく作業でもうひとつ必要なのが、近世以来の伝統的歴史観である「王統史観」の克服である。舜天《しゅんてん》王統から始まり、英祖《えいそ》王統、察度《さっと》王統、そして第一尚氏王統・第二尚氏王統と続く、血筋によって王統を区分していく史観である。この歴史観は現在にいたるまで琉球の歴史を叙述する際の「骨格」となっている。

これらの根拠となったのが近世の歴史書である。近世期には一六五〇年の『中山世鑑《ちゅうざんせいかん》』から始まり、『中山世譜《ちゅうざんせいふ》』『球陽』など王府編さんの歴史書が登場した。これらの歴史書は歴代王統の業績や事件を列挙する方式で叙述されており、また近世の儒教的世界観に強く影響され歴史が解釈されている。たとえば十五世紀の武将・護佐丸《ごさまる》を「忠臣」、阿麻和利《あまわり》を「逆賊」として評価しているのは典型的な例であろう。

つまり歴史書にある古琉球の歴史はリアルタイム（同時代）のものではなく、数百年後の王府の価値観で記述されたものなのである。無批判に歴史書の記述そのままを受け取り、歴史像を描くことは慎重でなければならない。

ただし同時代史料が少ない現状で、それのみに依拠して古琉球の歴史の全体像を描くことは現時点ではきわめて困難である。近世歴史書の問題点や性格に留意しながら、近世期のフィルターをはずしたうえで古琉球の歴史実態を見定める作業が必要である。

本書では以上の視点に立ち、古琉球とはどのような時代だったのか、琉球王国はなぜ形成され、どのような社会だったのか、リアルタイム（同時代）の状況を大事にしながら、《海域》と《港市》をキーワードとして、外の世界との関わりも視野に入れて探っていきたい。

なお年号についてだが、琉球は明・清の朝貢国だったので中国年号を使用していた。本書では基本的に中国年号を採用し、日本史に関わる箇所については適宜、日本年号での記載をしたい。

第一章　境界の鬼界島・異界の琉球

一三七二年（洪武五）、明使の楊載《ようさい》が洪武帝《こうぶてい》の詔を持って沖縄島へたどり着いた。向かった先は沖縄島の中部、西海岸側の台地（現浦添《うらそえ》市）に位置する浦添グスクである。

琉球石灰岩の切石を積んだ曲線を描く城壁、土を造成して作られた物見状郭の浦添グスクは、楊載の乗る海上の船からおそらく一際目立ったにちがいない。当時琉球で他の勢力を圧倒して最大級の規模を誇るグスク（城）であった。

1　グスク時代の開始

三大勢力による明朝への入貢

モンゴルの大元ウルスを打倒し一三六八年（洪武元）に朱元璋《しゅげんしょう》が樹立した明朝は、中国を中心とした伝統的な華夷《かい》秩序のもと、周辺地域の首長に対し皇帝との君臣関係（冊封・朝貢関係）を結ぶことを求めた。

冊封とは中国皇帝が各地の首長を王などとして承認すること、朝貢とは冊封された諸国の王が中国に対して定期的に貢物を献上し、その忠誠を示すことをいう。明朝はこうした体制を東アジア周辺地域にまで及ぼし、超大国の「中華」としてその威厳を示した。

この動きは南西諸島にも及び、明皇帝は招諭使《しょうゆし》・楊載を遣わして沖縄島の浦添グスクを拠点とする察度《さっと》に入貢を求めたのである。洪武帝の詔は次のようなものであった（『明太祖実録』）。

「（前略）朕、臣民に推戴せられて皇帝の位に即《つ》き、天下の号を定有して大明と曰《い》い、洪武と建元す。是を用て外夷に遣使して朕の意を播告せしむ。使者の至る所の蛮夷の酋長、臣を称して入貢す。唯《た》だなんじ琉球、中国の東南に在り遠く海外に処れば未だ報知するに及ばず。ここに特に遣使し往きて諭《ゆ》せしむ。なんじ、それ之を知れ」

〈現代語訳〉「朕は臣民に推され皇帝に即位し、天下の号を「大明」と定めて「洪武」と改元し、これをもって周辺諸国に使者を遣わし、朕の意志を告げさせた。使者が至った蛮夷の酋長は「臣」を称して入貢したが、なんじ琉球は中国の東南にあって遠く海外にあったので、いまだこのことを告げることができなかった。そこでここに使者を遣わして布告する。なんじ、このことをよく了解せよ」

察度はこれに応じ、「琉球国中山王《ちゅうざんおう》」として弟の泰期《たいき》を明へ派遣し、馬および方物を献上した。これに対し洪武帝は大統暦《だいとうれき》や絹織物、明朝の服一式（襲衣《しゅうい》）を与えた。これ以降、琉球は約五〇〇年にわたって中国との公的関係を続けていく。この明への入貢はその後の琉球の歴史を規定していく大きな出来事であった。明朝からの返礼の品（回賜品《かいし》）は高価な中国商品であり、また朝貢に付随して行われた貿易（朝貢貿易）の利益は莫大なものとなった。

察度に続いて一三八〇年（洪武十三）には山南王《さんなん》の承察度《うふさと》が、一三八三年には山北王《さんほく》の帕尼芝《はにじ》が進貢使者を派遣した。沖縄島にはこの三大勢力（三山《さんざん》）が並び立つかたちで明との関係を築いて朝貢貿易をはじめとした対外貿易に積極的に乗り出し、最終的に中山による統一王国の樹立へと収斂していく。

ここから明らかになる点は、一三七二年の時点で琉球には明側から「三山」として把握される三グループの政治権力がすでに存在し、それらのうちで最も強大とみられる沖縄島中部の中山にまず入貢が要請されていたことである。

ゆるやかな連合政権

察度への招諭のきっかけは、一三六九年（洪武二）に楊載が日本への入貢要請のため派遣された際、九州で琉球の情報を聞き及び、南西諸島経由で福建へ帰国する途中、事前に琉球に接触していたことに起因していた。

一三六八年（洪武元）に洪武帝が日本へ送った使者は賊に殺害され失敗、続けて翌年に楊載が九州の大宰府へ派遣されたものの、懐良《かねよし》親王（南朝方）によって捕縛されてしまった。楊載はやがて解放され南西諸島経由で福建へと帰国したが、一三七〇年に使者趙秩《ちょうちつ》は楊載をともなって来日、懐良親王を説得した。懐良親王は「良懐《りょうかい》」という名で翌年「日本国王」として冊封された。この一連の出来事の中で明側に琉球が認知されたとみられる。

つまり琉球が冊封・朝貢体制に参入する前提として、それまでに（1）沖縄島内部に形成されていた朝貢主体すなわち三山と、（2）九州から南西諸島を経由して中国福建へいたる航路（「南島路」）の存在があったのである。

琉球の朝貢主体となった三山が形成されるまでには、各地に割拠する地域首長「按司《あじ》」があった。彼らは「グスク」と呼ばれる城塞的施設を拠点として武力抗争を重ね、十四世紀後半において沖縄島を北部（山北）・中部（中山）・南部（山南）と三分する形で政権がまとまっていった。その実態は強固な「王国」というより、ゆるやかな按司の連合政権であり、明側から「王」と称されるリーダーは連合政権のなかの最有力の地位にある按司といった性格が強かったようだ。

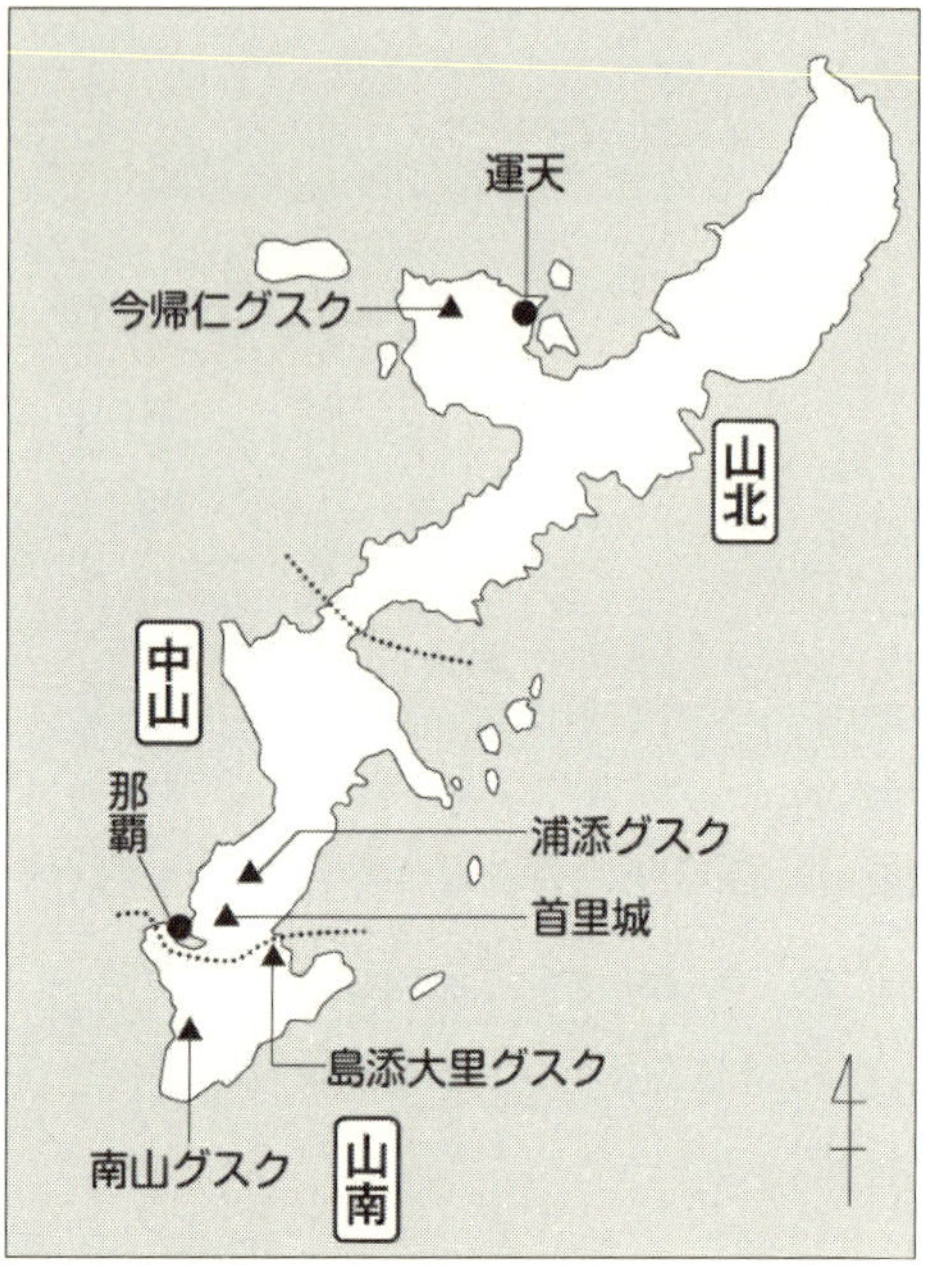

図3　三山概念図

「王」とは中国側から付けられた称号である。琉球側では「世《よ》の主《ぬし》」や「按《あ》司《じ》添《おそい》」などと独自の称号が使用されており、王国統一以降も国王が「世の主」を称している例を十六世紀前半頃まで確認することができる。冊封・朝貢関係が開始されると、琉球は中国側の呼び方も採り入れ、「王」称号を琉球社会のなかに次第に定着させていく（後述）。

よく誤解されるが、明は三山をそれぞれ一個の国としては認めていない。「琉球国中山王」の呼称からもわかるように、三山の王は「琉球国」の中で分かれている三人の王と位置づけられていた。三山の「山」とは「島」、つまり山北・中山・山南という表記は「(沖縄)島のどこの部分」ということを意味し、たとえば「山北」は「(沖縄)島の北」ということである。

奄美——北からのインパクト

ともあれ、グスクを拠点にした按司の台頭は、南西諸島が十二世紀前後より大きな社会的変化が訪れたことより始まる。

それまでの南西諸島は長く漁労・採集の時代が続いていた（貝塚時代）。人々はサンゴ礁の内海、ラグーン（沖縄ではイノーという）を主要舞台に魚介類を主な食材として生活していた。貝塚時代の文化は日本本土の縄文時代の影響を受けながらも、地域性の強い独自の文化を築き上げていた。

また先島諸島は沖縄島から約三〇〇キロもの距離で隔たれており、奄美・沖縄圏と先島（宮古・八重山）圏は人の往来がなく隔絶していた。先島圏は日本本土や沖縄との交流はなく、台湾や東南アジア方面とのつながりを持つ文化圏であった。

日本ではやがて紀元前三世紀頃に農耕が始まる弥生時代に突入するが、南西諸島では農耕社会にはならず、漁労採集の時代がずっと続く。

南西諸島で農耕が開始されたのは十二世紀頃に入ってからである。この時代に鉄器の本格的な普及をみる。そして、それまで隔絶していた奄美・沖縄圏と先島圏も交流が始まり、文化的・経済的に一体の地域となっていくという現象がみられるようになる。「グスク時代」の開始である。

　実は近年、これらの社会的転換は北からのインパクト、とくに奄美地域からの動きによって引き起こされたのではないかとの指摘がされている。

　十一〜十二世紀頃の南九州以南から喜界島《きかいじま》までの範囲は「キカイガシマ」や「イオウガシマ」などと呼ばれ、日本国の西の境界領域となっていた。「キカイガシマ」は特定の島を指す場合も当然あるが、漠然とした境界領域をこう表現した。

　中世日本の領域は「東の外《そと》が浜《はま》（青森）、西の鬼界島《きかいがしま》」までと考えられており、国境は現在のように明確な線で表現されるものではなく、内と外が明瞭ではないグレーゾーンのような世界であった。その範囲も曖昧で、その時々の情勢によって伸び縮みをするようなソフトなものであった。

　当時の日本の人々は、天皇の清浄な身体を中心に、同心円状に穢《けが》れの度合いが強まっていくという世界観を持ち、日本の境界である鬼界島、異界である琉球は人ならざる鬼が住み、人を食う風習があると認識されていた。

　たとえば一二四三年（寛元元）に宋をめざして肥前国《ひぜんのくに》五島列島の小値賀島《おぢかじま》を出航、途中「流球国」に漂着した一行の出来事を記した『漂到流球国記《ひょうとうりゅうきゅうこくき》』には、流球国を食人の国として記している（だが南西諸島で実際にこうした風習は確認されていない）。

境界領域である「キカイガシマ」では、とくに奄美大島北部・喜界島が中心となり、六〜七世紀頃から日本の古代国家と継続的な関係を持っていた。『日本書紀』や『続日本紀《しょくにほんぎ》』には推古天皇の時代の六一六年掖玖《やく》人の入貢より始まり、南島の来朝が確認されるが、その内訳は屋久島《やくしま》（掖玖・夜久）、種子島《たねがしま》（多禰・多褹）、トカラ列島（吐火羅）、奄美大島（阿麻弥・菴美・奄美）、徳之島《とくのしま》（度感）、石垣島（信覚）、久米島（球美）などに比定されている。

ただ注意すべき点は、これらの地域が万遍なく来朝したのではなく、種子島・屋久島の頻度が最も多く、奄美大島やトカラ列島などが続き、石垣島、久米島にいたってはただの一度のみの来朝である点である。さらに石垣島に比定される「信覚」だが、先述のように当時の沖縄島以南は隔絶された地域であり、本当に石垣島を指しているのか疑問も残る。

この時代の南西諸島における土器の分析からも、奄美地域と沖縄地域とで日本との関係性の違いを確認することができる。奄美諸島に分布する弥生時代から平安時代にかけての土器は、日本の土器・土師器《はじき》の影響を受けながら成立したのに対し、沖縄諸島の土器は日本や奄美の土器形式の影響を受けず独自の展開を遂げている。奄美と沖縄では土器のあり方が異なっているのである。

六、七世紀頃に成立する奄美の兼久《かねく》式土器の段階になって沖縄の土器（アカジャンガー式土器、フェンサ下層式土器）は奄美諸島の土器の影響を受けて作られていくようになる。

つまり、九州からの直接の影響を強く受ける奄美地域と、その枠外にあって奄美からの影響を受けていく沖縄地域、という構図が見出せるのである。境界としての《キカイガシマ》、異界としての《琉球》という構図を示唆するようである。

「貴」から「鬼」へ

十世紀末には大宰府から「貴駕島」なる行政機関が奄美地域に設置されていたようである。九九七年（長徳七）、九州各地で南蛮人が乱入した事件に対し、翌九九八年に大宰府は南蛮追捕《ついぶ》の命を「貴駕島」へ発し、実行に移されたという（『日本紀略』）。「南蛮人」とは同時期の『小右記』の記述から「奄美島人」であることが判明している。

ここからわかるのは、「貴駕島」は大宰府管内に位置して下知の対象となるような何らかの所職が置かれていたとみられること、奄美に近接し征討できるような場所に位置していたことである。日本の国家領域に含まれる「貴駕島」、南蛮人の住む奄美島と、一線が引かれる地理認識があったのである。

何らかの行政的機関が設置されていた背景には、十世紀頃の日宋貿易の活発化で南海産物の需要が拡大したことがあるとみられる。

十一世紀頃の『新猿楽記』には八郎《はちろう》真人《まひと》なる商人の首領が登場し、東は「俘囚《ふしゅう》之地」、西は

「貴駕之島」まで渡り交易活動を行っていたことが記されている。彼は実在の人物そのものというよりも当時活動していた商人たちを投影した姿とみられる。「キカイガシマ」はヤコウガイや硫黄、赤木、檳榔《びろう》などの南島産物を求める商人たちの活動の地でもあったのである。

『吾妻鏡』には一一六〇年（永暦元）頃、九州に大きな勢力を持つ阿多《あた》（平）忠景《ただかげ》が勅勘《こうむ》を蒙り「貴海島」へ逐電し、筑後守家貞《ちくごのかみいえさだ》による追討を受けたとある（追討は荒天のため果たせず）。

また一一八七年（文治三）には源義経《みなもとのよしつね》残党の隠れ場所になることを疑う源頼朝《よりとも》の命によって「貴海島」追討が計画された記事がみえている。計画は摂関家の反対により一時凍結するが、「貴海島」への「海路の次第」の絵図を見たことで、天野遠景《あまのとおかげ》に命じて動員した九州の武士らとともに遠征を実行し、翌年「貴賀井島」を帰順させたという。

この時期の「キカイガシマ」の表現は「貴駕島」「貴界島」など「貴」「喜」の字が当てられているが、王朝貴族たちに珍重された南海産物を入手できる豊かな土地、というイメージが肯定的な名前に反映されていたようだ。

だが十三世紀頃になると、「キカイガシマ」には「鬼界島」と「鬼」の字が当てられるように変化していった。『保元物語』には「鬼海島」と表記され、『平家物語』でも「鬼界島」という記述がみられる。先にみた『漂流球国記』のように、琉球を鬼の住む人食いの島として描かれている。異界に対する恐怖心や仏教の地獄観を反映していったようだ。

境界領域としての「キカイガシマ」

日本の南の境界領域における重要な交流拠点であった「キカイガシマ」だが、文献史料上で登場するこの地域は具体的にどこを指していたのか。近年の喜界島城久《ぐすく》遺跡群の発見は、「キカイガシマ」の存在をさらに裏付けることになった。

城久遺跡群は奄美大島北部の東、喜界島中央の段丘上に立地している八遺跡の総称で、全体で一三万平方メートルという広大な面積を持つ。各遺跡の中心時期はおおむね十一～十二世紀頃で、約三〇〇棟の掘立柱建物跡や多くの土坑墓、鍛冶遺構が検出され、本土産の土師器・須《す》恵《え》器《き》や滑石《かっせき》製品、また中国越州窯《えっしゅうよう》青磁や初期高麗《こうらい》青磁などの大陸系陶磁器などの外来産が多数出土している。当時の南西諸島では類を見ない大規模遺跡であり、全容は未解明なので確定的なことは言えないが、城久遺跡群がヤマトの南島経営の拠点「キカイガシマ」である可能性は高まってきた。

なお喜界島と奄美大島北部一帯は六、七世紀から十世紀頃までの期間において日本産の土師器や須恵器など外来産物が集中的に出土していることが知られていた。当時の南西諸島のなかで最も外との交流のあった地域が喜界島・奄美大島北部であったことを示している。

十一世紀頃からは南西諸島全域で徳之島産の硬質土器カムィヤキ、長崎西彼杵《にしそのぎ》産の滑石製石

喜界島の城久遺跡から大きな柱穴の掘立柱建物跡（山田半田遺跡）
写真提供；喜界島教育委員会

鍋が中国産の玉縁白磁碗などとともに流通するようになる。

カムィヤキとは釉薬《ゆうやく》を使用しない焼き締め陶器で、類須恵器とも呼ばれる。壺・鉢類を中心として徳之島の伊仙《いせん》の山中にある窯群で生産された。朝鮮半島や中世日本の陶器との技術的関連が指摘されている。

滑石製石鍋や中国陶磁器の流通は当時の国際港湾都市・博多の経済状況と連動するものであった。カムィヤキの生産は日麗貿易のなかで博多を拠点にする商人を介して高麗陶工たちが招《しょう》聘《へい》され、徳之島にも窯業技術がもたらされたからようだ。

そのほか、南西諸島におけるヤコウガイ・開元通宝の出土状況などから、中国との直接的な交易があった可能性も指摘されている。しかし上述のように、北方（ヤマト）からの交流が大きかったことはほぼ間違いない。

交易活動と人の移動

十四世紀頃までの奄美大島北部・喜界島地域は一定度の階層化された社会を築き、ヤマト国家との境界領域として大宰府や博多など九州地域との継続した関係を持っていた。特に十一世紀以降は日宋貿易が活発となるに至り、交易品としての南島産物を調達する動きのなかで「キカイガシマ」と称されるような何らかのヤマト行政機関が設置されて、徳之島のカムィヤキ、九州産の滑石製石鍋などの商品を媒介に、博多を基点にして南西諸島全域を範囲とする交易活動が展開されたとみられる。

そして、この動きが沖縄地域や先島地域にまで文化的・経済的影響力を及ぼし、それらに刺激されるかたちでグスク時代の社会的転換がうながされたといえよう。

前代の貝塚時代の人骨とグスク時代の人骨の比較では、グスク時代頃を境として、縄文人的な貝塚時代人の形質が中世日本人のそれと類似してくるという変化がみられるという。北方からのヒトの移動が南西諸島に及んだことを示すものである。

ただしグスク時代の変化・発展は、あくまでも外来の影響をこうむりつつも、沖縄内部における農業生産の発展での人口増加の結果であり、大勢として「倭寇《わこう》」のような外来者により在来住民が駆逐される征服・植民のかたちではなかった。

前代の貝塚時代の遺跡はグスク時代へと継続していく集落も多くみられ、外来者の渡来と定着を繰り返すなかで、次第に南西諸島の貝塚時代人と渡来者の混血を進んでいったとみられる。いわば外来者が地元民の住む南西諸島社会のなかで徐々に土着化（いわばウチナー化）していくかたちでグスク時代という新たな社会が形成されていった、と表現したほうが適当なのかもしれない。

2 浦添グスク——王統の形成

浦添グスクと英祖政権

奄美地域を基点に引き起こされた「グスク時代の開始」という社会的変容のなか、もっとも台頭した沖縄島の勢力が浦添グスクを拠点とする按司であった。後代、中山の系譜につながる「王統」として認識される、舜天《しゅんてん》・英祖《えいそ》・察度《さっと》らの勢力である。

近年行われている発掘調査から、浦添グスクは十四世紀頃までに切石積みや野面積《のづら》みの石積み郭が築かれ、その外側に土で造成された物見状郭や堀・柵列で囲われた四万平方メートルの巨大な規模を誇るグスクが整えられていたことがわかった。

さらにグスクの周囲は王墓の浦添ようどれや極楽寺、人工池（魚小堀《いゆぐむい》）、家臣団の屋敷（当山《とうやま》東原《あがりばる》遺跡）、城下の集落（浦添原《うらそえばる》遺跡）などが立地する都市的景観を備えていたことが明らかにされている。

グスクの面積は第一尚氏王朝期の首里城（現在の内郭部分）を超える規模であり、当時としては沖縄最大級ということになる。浦添を拠点とする政権が当時の沖縄島中部を中心に圧倒的な勢力を持っていたことがうかがえる。

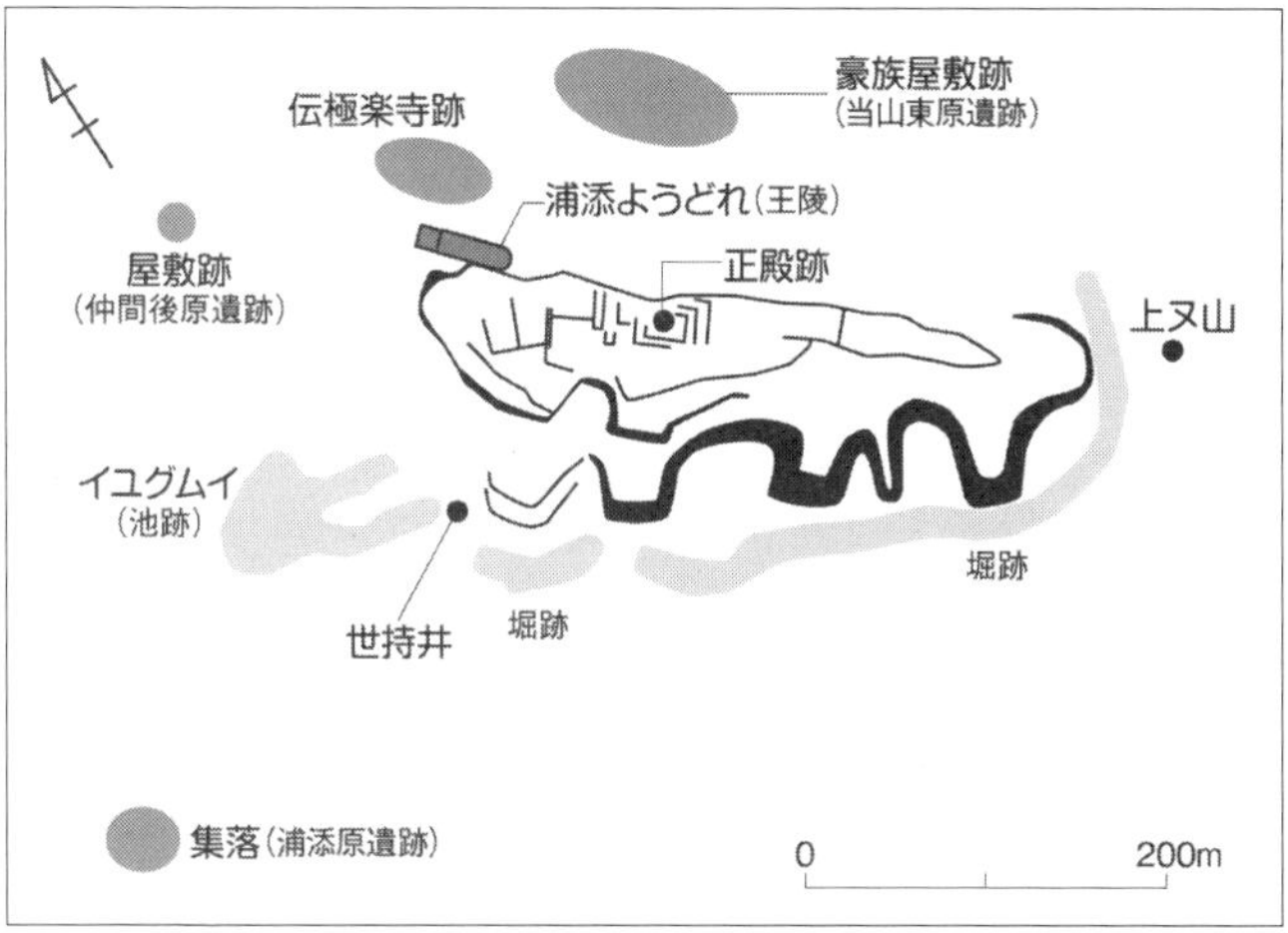

図４　浦添グスクと周辺の遺跡　安里進『琉球の王権とグスク』（山川出版社、2006）を参考に作図

浦添ようどれ　撮影；著者

さらに注目されるのが浦添ようどれである。ようどれは英祖王によって咸淳《かんじゅん》年間（一二六五〜七四）に造営された王墓である。英祖（一二二九〜九九）は英祖王統初代の「王」で、疫病流行で不徳を嘆く義本《ぎほん》王から禅譲され王位に就いたとされる人物だが、同時代史料で英祖は確認されておらず、実在が疑問視されてきた。

しかし近年の墓とその周辺調査からは造営年代が十三世紀代の可能性が高く、当初、墓室は崖下の洞窟内に高麗系灰色瓦を葺《ふ》いた建物を作り、その内部に蔵骨器の朱漆《しゅうるし》塗りの木棺を収めていたことがわかった。近世史書に記される伝説的な王・英祖は実在していた可能性が出てきた。

調査では、墓造営にともなう十三世紀代の金属工房跡も発見されている。出土した生産関係遺物のほかに、日本の唐櫃《からびつ》を模倣した木棺に付属する、鍍金《ときん》された銅製の飾り金具が見つかった。金具は日本の様式を忠実に踏襲しながら、日本本土では見られない単純で大ぶりにアレンジされた図柄が特徴であり、琉球現地で独自に製作されたものであった。

鉄鍛冶などの鍛造技術は南西諸島全土に分布していたが、より高度な鍍金・鋳造生産の技術を持つ地域は、実は古琉球を通じて浦添ようどれ、そして首里城の二ヵ所しか確認されていない。すなわち、これらの事実は十三世紀代の浦添政権の内部に北方の技術的系譜を持つ職人が存在し、当時の南西諸島で突出した高い技術力を保持していたことを示している。

外来技術の導入については墓室内建物を葺いていた高麗系瓦も同様に注目される。

高麗系瓦はその名の通り、高麗（朝鮮半島）の技術を用いて造られた還元焼成（窯を密閉した状態で焼く）の灰色瓦で、一部の瓦の表面に「癸酉《みずのととり》年高麗瓦匠造」また「大天」とスタンプされている。デザインのバリエーションは高麗・朝鮮期の瓦と比べ少なく、製作した工人は高麗より渡来した単一技術の集団であった。

一方で、朝鮮ではみられない部分もある。瓦の文様は左右非対称のものがあり、これは朝鮮半島の高麗瓦にはみられず、また大和瓦に多用される巴文様《ともえもんよう》も施されている。鬼瓦は朝鮮半島系の特徴を持ちながら、頭に大きな角を付ける大和瓦的な意匠もみられる。つまり朝鮮半島の高麗瓦と寸分たがわず同じではなく、大和系の特徴も一部有しているのである。カムィヤキと同じく、日本を介した朝鮮半島からの技術流入がうかがえる。

瓦の製作年代「癸酉年」はいつかという問題があるが、一一五三年、一二七三年、一三三三年、一三九三年に比定する説があるが確定していない。ようどれの調査から英祖王代の十三世紀後半、一二七三年の可能性も出てきたが、各地で出土する瓦は、同伴する陶磁器の年代からいずれも十四～十五世紀頃に比定されている。ようどれの高麗系瓦が多数見つかった瓦溜りの年代も十三～十五世紀前半と幅があるので、さらなる議論の必要がある。

ようどれ墓室内の石厨子《いしずし》に収められた人骨の分析からは興味深い事実が判明した。ある頭蓋骨は長頭形で出っ歯であり、これは典型的な中世日本人の特徴である。

一方、中国南部・東南アジア系のミトコンドリアＤＮＡを持つ人骨も見つかった。このＤＮＡは母系の系統をたどることができる。中国南部・東南アジア方面から渡来した女性がようどれに眠る一族と婚姻関係を結んでいたことを示唆している。

これらの事実は、当時の沖縄島に「北」と「南」からのヒト・モノの流れが存在したことを裏付けるものである。

「北」から「南」から

「北」からの流れについては奄美の「キカイガシマ」を中心とした一連の動向が想定できるが、「南」からの流れについては、南西諸島で出土する磁器ビロースク・今帰仁両タイプの分析から、十三〜十四世紀における中国福建省から先島・沖縄島まで至る交流圏の存在が確認されている。

ビロースク・タイプ、今帰仁タイプと呼ばれる陶磁器は十三世紀後半頃より登場する福建産の白磁の陶器である。十三〜十四世紀に焼かれた両タイプの磁器は先島、沖縄地域で見られるのに対し、奄美以北、博多などではほとんどみられないのが特徴である。

つまり、この磁器は博多から奄美を経由するルートとは別個の流通ルートからもたらされたものであり、朝貢貿易開始以前にも中国との交流が存在したことを示す。ただし次章に述べるが、その規模においては後の「大交易時代」に匹敵するものではなかったことに注意する必要がある。

ところで圧倒的な沖縄島の浦添政権と一大経済拠点だった奄美とはいかに関わるのであろうか。一六五〇年（順治七）編纂の『中山世鑑《ちゅうざんせいかん》』には英祖王代の一二六六年（咸淳二）に奄美諸島が「来朝」したとあるが、これは近世史観による解釈であり、後に成立する奄美・先島を支配におく統一王朝下のイメージで受けとるわけにはいかない。

北条得宗家《とくそうけ》被官で薩摩国河辺郡《さつまのくにかわなべぐん》の郡司兼地頭代官であった千竈《ちかま》氏は、一三〇六年（徳治元）の処分状で薩南諸島から奄美大島・喜界島・徳之島までを相続知行として挙げている（「千竈文書」）。その実態は交易権のようなものと考えられるが、千竈氏は南薩摩から奄美諸島まで確実にその影響力を及ぼしていた。当時の奄美は沖縄島の権力の統治が及ぶ地域とはいえない状況であったのである。

「金沢文庫蔵日本図」（一三〇五年頃の写し）では、「雨見島」すなわち奄美を日本国の領域外ながら「私領郡」と記しており、「龍及国宇島」はさらにその外側にあって「身人頭鳥」と注記されている。「龍及国」とは琉球国、「宇島」とは大島、つまり沖縄本島を指すと考えられる。沖縄地域は「身は人にして頭は鳥なり」と異形の者が住む異界として書かれている。

十三〜十四世紀の奄美地域は必ずしも沖縄の政権の統治が及んでいる場所ではなかったようだ。この時期の沖縄と奄美の関係については浦添政権の成立過程や「キカイガシマ」の実態の解明とあわせて今後の課題といえよう。

中国の「琉球」認識

ところで中国の側では琉球のことをどのように認識していたのであろうか。

宋元代（十〜十三世紀頃）の中国にとって大陸の東南海に位置する南西諸島及び台湾を漠然と「流求」「瑠求」などと認識していた。

「琉球」を沖縄か台湾かどちらかに比定する議論があるが、そもそも宋元代の中国人たちは「琉球」を沖縄と台湾と区別する地理認識はなく、抽象的にとらえていたと考えたほうがよい。『隋書』には「流求」の記述があり、未開の食人国として描かれるが、沖縄・台湾双方に位置を確定することができない。

たとえば一二九二年（至元二十九）に元朝使節が「瑠求」への派遣される際、使者たちの間でも「瑠求」がどこかをめぐって意見が対立した（『元史』巻二百十「瑠求伝」）。福建より東にある島、また澎湖《ほうこ》島の向こう側にある島程度の認識しか持っていなかったのである。

宋元代の中国では福建の東海に浮かぶ未開の島という共通のイメージがあって、そのなかでもっとも目立つ台湾を「琉球」と呼ぶ場合が多かったといえよう。

興味深いのは、中国・日本双方とも「琉球（流求）」との名称を使用していたことである。ただし中国側の認識とちがい、これまで見てきたように中世日本では南島、すなわち奄美以南の沖縄方面の島々を「流求」と認識していた（ただしその実情を正確に把握していたわけではないが）。日中それぞれ異なる認識で「流求」を理解していたのである。

十三世紀後半より福建から先島、沖縄までを北上するかたちで交流圏があったことは先に述べたが、元朝の権力側と交流にたずさわっていたはずの民間での認識が一致していたとは必ずしも限らない。ただ、日本側より曖昧《あいまい》模糊《もこ》とした中国側の「流求」認識からは、実際の交流の密度が日本と違い、希薄だったことを表しているようである。

第二章　港湾都市・那覇の形成

第一章で述べたように、朝貢《ちょうこう》主体としての首長層が台頭するグスク時代社会の素地を準備したのは、奄美の「キカイガシマ」を中心とした一連の動向であった。だが、明朝の入貢要請を直接的にうながし、琉球の対外交易を隆盛に導く要因となったのは、それらとは異なる〝第二の波〟というべき海域アジア世界の新たな変化であった。

それが十四世紀中頃以降における日中間航路「南島路」の活況である。

1　港湾都市としての那覇

「大洋路」と「南島路」

「南島路」とは、南九州から南西諸島を通過し、中国の福建省にまでいたるルートのことである。

「南島路」は倉木崎《くらきざき》遺跡（奄美大島宇検村《うけんそん》）や持躰松《もったいまつ》遺跡（鹿児島県南さつま市）から発見された多くの中国陶磁器からうかがえるように、十二世紀末〜十三世紀頃にはすでに航路として存在していたようだ。両遺跡から出土した陶磁器類はほぼ同じような構成になっており、航路の存在を裏付けている。

とくに、持躰松遺跡は南さつま市の万之瀬《まのせ》川下流域の遺跡で、この一帯は阿多《あた》郡領主の阿多氏（薩摩平氏）の本拠地であり、彼らが宋海商たちとの交易に関わっていたかもしれない。だが、これらの遺跡からは博多から出土したような、一括に陶磁器が廃棄された遺構や、博多綱首《ごうしゅ》と呼ばれた豪商たちを表す「綱」の銘がある陶磁器が大量に出てこない。つまり博多のような海商たちの主要な交易拠点ではなかったとみられる。

十四世紀前半までの日中間航路のメインは、当時日本最大の国際貿易港だった博多から直行で中国浙江《せっこう》省の慶元《けいげん》（寧波《ニンポー》）へと向かう「大洋路」であった。この頃の日中間の交易活動は、博多にほぼ一極集中するかたちで展開されていた。

それまでは、「南島路」はあくまでも博多を基点とするサブルートの位置付けにすぎなかったのである。「南島路」への陶磁器の流入は、日中間の商業活動の関わりの中で、国際貿易都市・博多から南下して副次的にもたらされたものであった。

一方、先島・沖縄島では先述したように、中国福建から博多を経由せずに流通したビロース

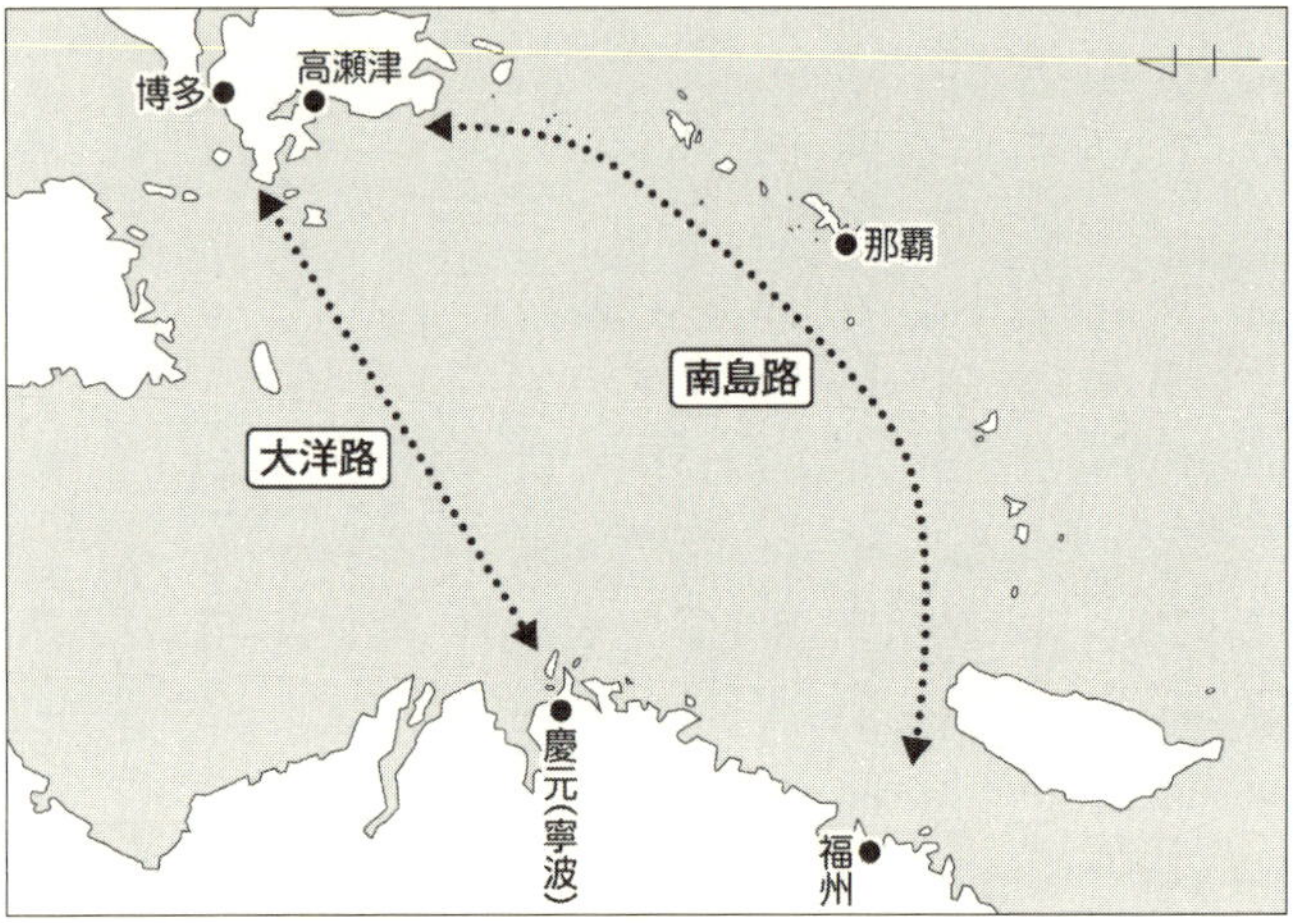

図5 「大洋路」と「南島路」

ク・今帰仁両タイプの白磁のように独自の動向もみられるが、十四世紀後半以降の陶磁器と比べ圧倒的に少なく、その後の琉球の「大交易時代」のように中国との直接貿易が頻繁にあったとは考えにくい。ビロースク・今帰仁両タイプの陶磁器を除けば、十四世紀前半までは、南西諸島は基本的には博多を中心とした流通圏の中に取り込まれていたのである。

中国の内乱と「南島路」の活況

こうした流れに変化が起こるのは十四世紀中頃になってからである。この時期を境にして南西諸島における貿易陶磁器が質・量ともに増大する現象がみられる。

たとえば南西諸島で出土した十四世紀前半〜中頃の陶磁器ビロースク・タイプⅡ類の量を一〇〇と

した場合、十四世紀中頃〜十五世紀初めのビロースク・タイプⅢ類は沖縄諸島で五九二、奄美諸島で七〇〇と激増する（木下尚子編『一三〜一四世紀の琉球と福建』）。

これだけの陶磁器の増加は十四世紀中頃の南西諸島において、何らかの流通の画期があったことを意味している。

この変化は、日中間を往来する民間商船のメイン航路が、従来の博多—慶元（寧波）間の「大洋路」から南九州—南西諸島—福建の「南島路」へと変更されたために引き起こされたのではないか。

変更の要因として、たとえば十三〜十四世紀には「渡海ブーム」といえる日本・中国間の頻繁な僧侶たちの往来があったが、一三五二〜五六年の間をみると、僧侶の往来が一例も確認できなくなる。これは一三四八年（至正八）の方国珍《ほうこくちん》の乱、一三五一年の紅巾《こうきん》の乱をはじめとした元末の中国内乱や、一三五〇年以降の倭寇《わこう》活発化で中国沿岸部の治安が悪化し、「大洋路」が避けられたためと考えられている（榎本渉『東アジア海域と日中交流』）。

そこで従来の大動脈であった「大洋路」に代わり、比較的安全な九州の肥後高瀬津《ひごたかせつ》（熊本県）から薩摩・琉球列島を経由して福建に至るルート（南島路）が一時的に利用されることになったのではないだろうか。

時を同じくして、九州の菊池川下流域にある肥後高瀬津（熊本県）も港町として十四世紀中頃より活況を呈するようになる。一三五七年（延文二）に福建から帰国した禅僧の石屏子介《せきへいしかい》が永徳寺を創建し、その後も高瀬津は日中間を往来する禅僧たちの拠点として利用されている。

一三五八年には禅僧の大拙祖能《だいせつそのう》が中国福建の興化県を出発し薩摩の甑島《こしき》を経由、高瀬津に入っている。このルートはほぼまちがいなく南西諸島を通過している。また一三六〇年代に来日していた中国の文人陸元良《りくげんりょう》は、日本僧の絶海中津《ぜっかいちゅうしん》らとともに高瀬津から一三六八年（応安元）に中国へ渡航している。この時、ちょうど中国浙江省の舟山《しゅうざん》列島では蘭秀山《らんしゅうざん》の乱という海寇勢力の反乱が起きており、この乱を避けて博多からの「大洋路」を利用せず、高瀬津からわざわざ出航した可能性が高い。

このように、琉球の朝貢貿易開始以前の十四世紀中頃から、南西諸島が民間商船の航路として頻繁に利用されていくことになった。先に紹介した浦添の察度《さっと》に入貢要請をした明使の楊載《ようさい》は、この「南島路」を通って福建へ至ったようである。

港湾都市・那覇の形成

「南島路」の活況で南西諸島が日中間航路を往来する民間商船の通過する地域となった。島伝いに航行する商船が中継基地を必要とする要因が生まれたのである。

ところが、南西諸島はほとんどの島がその周囲をサンゴ礁によって囲まれている。船が岸に近づくと、このサンゴ礁によって座礁する危険があった。この当時は現代のように土木工事による大規模な港の造成はそれほど望めない。自然の地形を利用して船を停泊するしかない。これが外洋を航海する大型船になると、さらに条件が限られてくる。

当時の東アジアを航行する外洋大型船の平均的な大きさは、中国福建省で見つかった泉州沈没船、韓国全羅南道《チョルラナムド》の道徳島沖の新安《シナン》沈没船などから、全長約三五メートル、積載重量約二〇〇トンクラスの船が一般的であったと推定される。この大きさの船だとすれば南西諸島の沿岸各地に自由に着岸するというわけにはいかない。

ではサンゴ礁に囲まれた南西諸島で大型船が恒常的に寄港できる港湾はどこか。

それが沖縄島の南部、西海岸に位置する那覇である。

今では想像するのは難しいが、那覇はかつて「浮島《うきしま》」と呼ばれた独立した島であった。明治以降に埋め立てが進み、さらに一九四四年（昭和十九）のアメリカ軍による十・十空襲での壊滅と戦後の造成工事で現在ではまったくと言っていいほど、その面影はない。

だが那覇市内を通る久茂地《くもじ》川を見てみると、南の明治橋から北の崇元寺《そうげんじ》橋まで那覇市街を縦断するようなかたちで川が伸びている。これがかつての沖縄本島と浮島を隔てていた海峡である（地図6参照）。

浮島南側の港湾部は国場川《こくばがわ》の下流域に位置する真水でサンゴ礁が発達せず、外海の波の影響

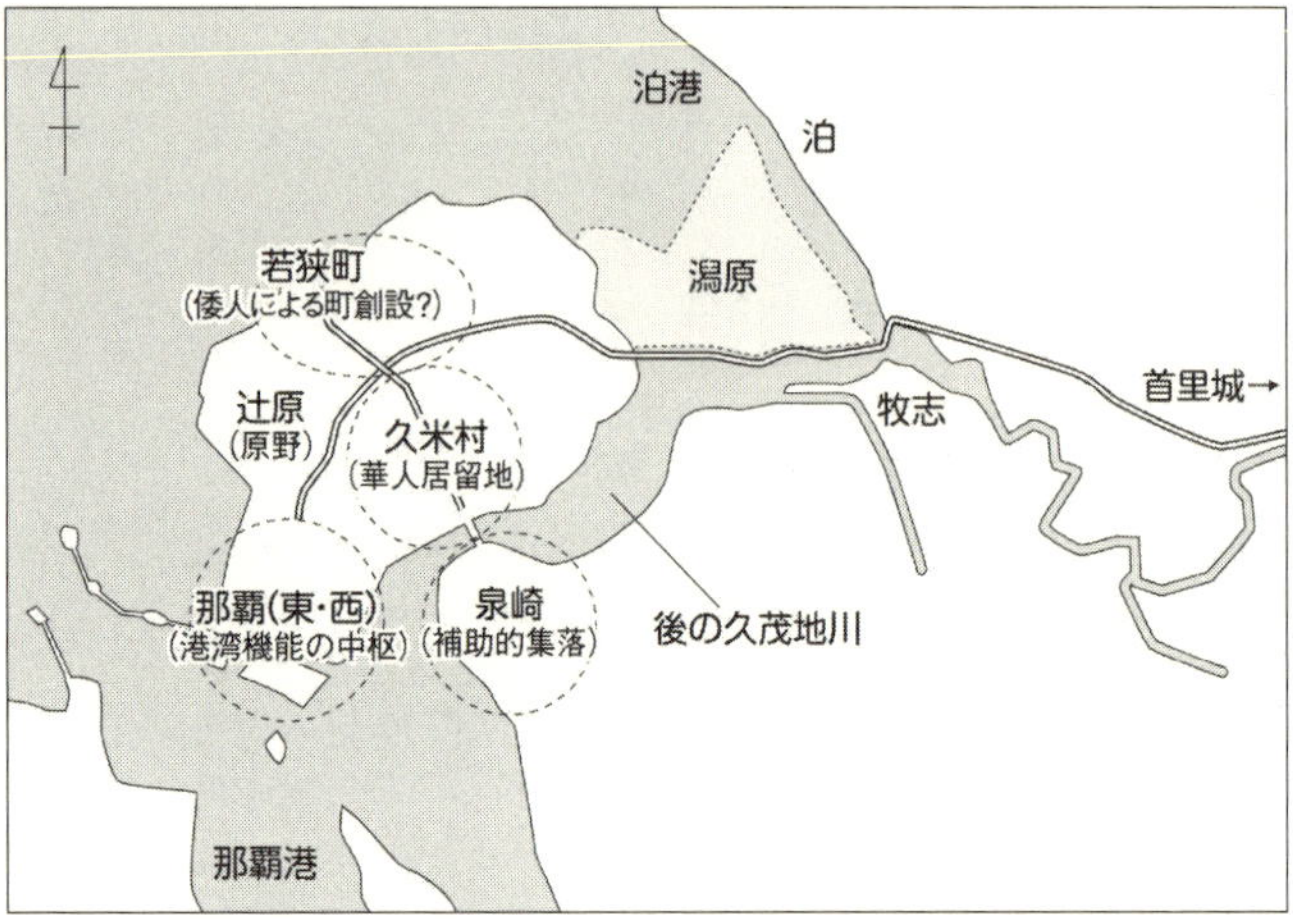

図 6　古琉球時代の那覇概念図

を受けない内海（漫湖《まんこ》）が広がる。大型船の寄港地としての絶好の条件を備えた港湾であった。浮島北側は潟原《かたばる》と呼ばれた広大な干潟があり（現那覇市前島付近）、付近には泊港《とまりこう》があった。この港は古くから奄美方面など琉球域内の船舶の寄港地として使用されていた。

那覇は十五世紀頃から近代にいたるまで沖縄で最大の港湾都市として発展し、古琉球の歌謡集『おもろさうし』にも「唐《たう》・南蛮《なばん》、寄《よ》り合《や》う那覇泊《はなどまり》」と謡われるような国際貿易の拠点となっていったのである。

従来、その発祥は琉球王国の対外貿易港として王府権力により築かれたと言われてきた。確かに那覇が「王国の外港」であったのは事実だが、その動きに先行して那覇港に外来の大型船が停泊し浮島に外来の人々が住み始め、港湾都市が形成されるきっかけとなったと考えられる。

那覇港口の臨海寺《りんかいじ》は現存していないが、戦前まで「至正壬午《しせいじんご》」という銘が刻まれた薬師三尊《やくしさんぞん》石像が存在した。「至正壬午」は至正二年（一三四二年）である。同時代に制作もしくは搬入された可能性のあるもので、沖縄最古の年号となっている。十四世紀中頃から、那覇に外来の人々が訪れはじめたことをうかがわせる。

数少ない港湾

では外洋航海の大型船が安全に停泊できる場所は那覇以外にもあるのだろうか。

十五世紀中頃の様相を描いたとみられる「琉球国図」（沖縄県立博物館・美術館蔵）をみてみよう（図7）。本図は一六九六年（元禄九）奉納の太宰府天満宮の旧蔵図で、南九州から沖縄までの島々が描かれている。一四七一年（成化七）に朝鮮王朝の申叔舟《シンスクチュ》が著した『海東諸国紀』所収の「琉球国之図」と同系統の地図だが、内容は「琉球国図」のほうがより詳細である。『海東諸国紀』の地図は一四五三年（景泰四）に博多商人が朝鮮に献上した博多―琉球間の地図がもとになっており、「琉球国図」の原図も作製に博多商人が関与したとみられている。

「琉球国図」には南九州から赤線で航路が記され、運天《うんてん》港、瀬底《せそこ》浦（渡久地《とぐち》港付近）、泊港・那覇港、中城《なかぐすく》湾が船舶の停泊可能な港湾として認識されていたことがわかる。もちろんその中心は

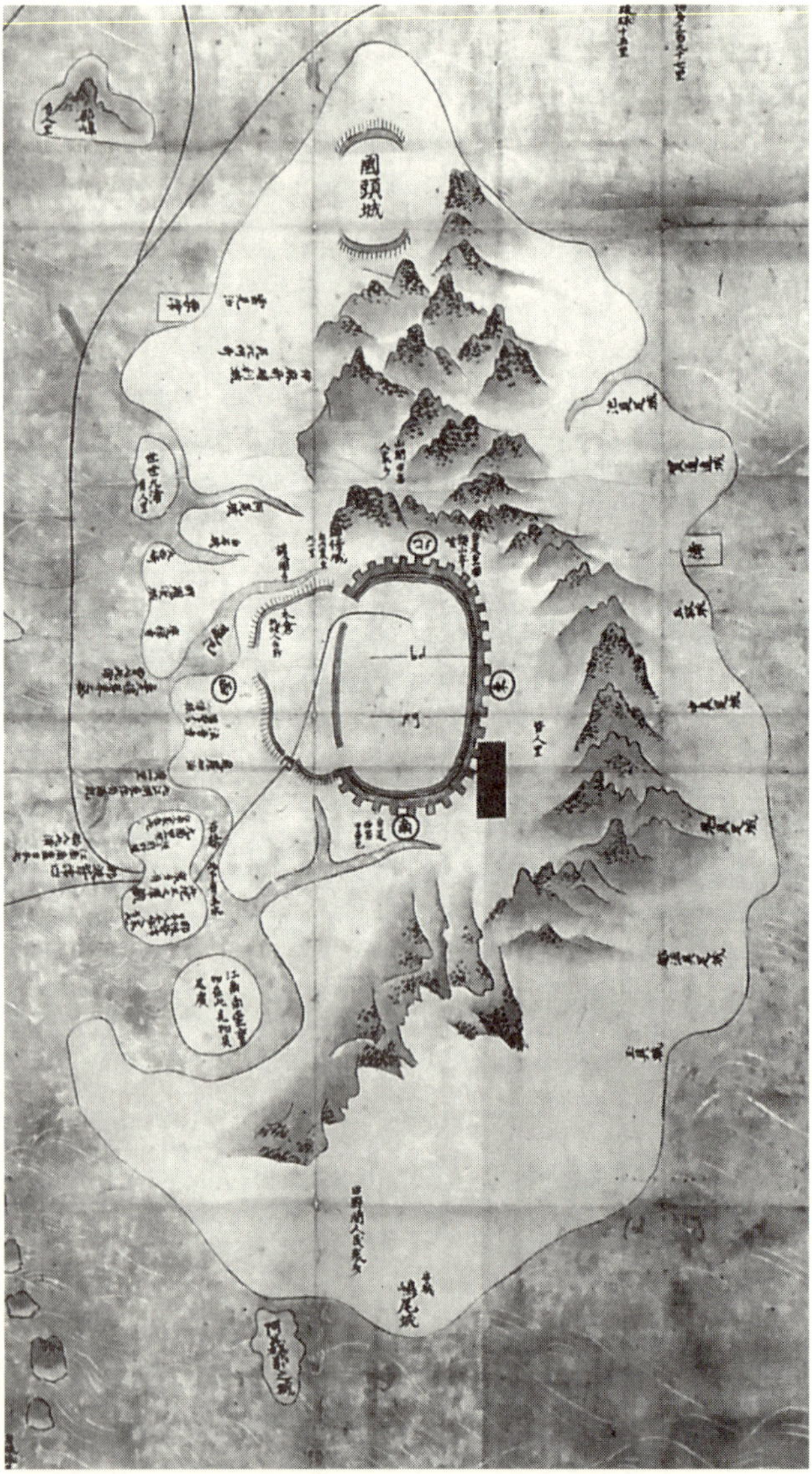

図７　琉球国図（沖縄島部分）（沖縄県立博物館・美術館所蔵）

那覇港で、航路の線は全てこの那覇港に集まっている。『海東諸国紀』の地図にはこの他、「河《かわ》尻泊《じりどまり》（読谷村《よみたんそん》長浜《ながはま》付近）」と玉城《たまぐすく》グスク（南城市奥武島《おうじま》付近）付近に記された「浦」が確認できる。

　近世の国絵図にはさらに詳しい港湾についての記載がある。十七世紀の「正保国絵図（琉球国）」によると、大型船が入ることのできる港湾は沖縄島全体で運天港、渡久地港、大湾《おおわん》渡具《とぐ》知《ち》、牧港《まきみなと》、小湾《こわん》、那覇港の六ヵ所だけで、その他の海岸部は全て「干潟」「干瀬《ひし》」とサンゴ礁で覆われ、また小さな湾部も船の停泊が不可能（「船かかり成らず」）と記されるのみである。

しかも、数少ない港湾についても規模に格差がある。突出して大きい港湾は沖縄島北部の運天港（今帰仁村）である。ここには大船が五、六〇隻が停泊可能である。那覇港は三〇隻が停泊可能だが、港口は干潮時また東風・南風の際には入港不可能と使用に制約がある。

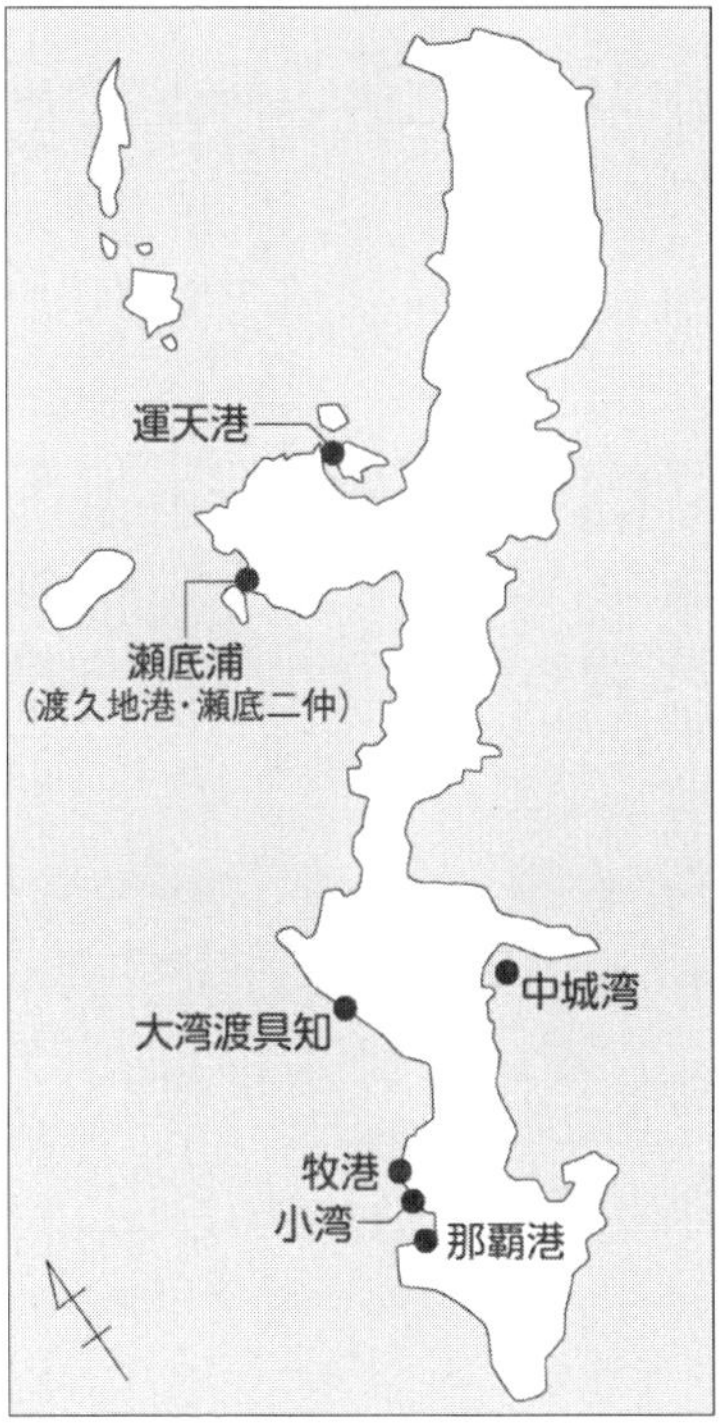

図８　沖縄の主要港湾

　次に比謝川《ひじゃがわ》下流の大湾渡具知（読谷村）は五、六隻が停泊可能だが、東南風・西風時に停泊不可能、渡久地港（本部町）はどの風の条件でも船の停泊が困難、牧港・小湾（浦添市）は船の出入が困難であるという。

つまり大型船が沖縄島沿岸で実質的に使用できる港湾は運天と那覇、そして大湾渡具知ぐらいしか存在していなかったのである。

利便性に富んだ那覇

沖縄島の港湾機能を考えるうえでさらに重要な手がかりを示してくれるのが、一六〇九年（万暦三十七）の薩摩島津軍の侵攻である。約三〇〇〇の島津軍はおよそ八〇隻の軍船で運天港から大湾渡具知を経由して那覇港へ向かった。運天港と那覇港以外に八〇隻もの大船団を係留できる港湾がないと認識していたのである。侵攻経路は近世国絵図中に記載される港湾と一致し、沖縄島で利用可能な港湾をたどったものとわかる。

さらに十八世紀の政治家・蔡温《さいおん》は著書『独物語《ひとりものがたり》』のなかで、各地の海岸は干瀬（岩礁・リーフ）でおおわれ船舶の着岸する港がなく、嵐の際には破損する船が続出していることを述べ、各間《ま》切《ぎり》（間切とは琉球の行政区画の単位）のサンゴ礁を開削し港を築くことを計画している。実際に八重山など一部ではリーフの開削による築港が試みられていた。

琉球域内を往来する馬艦船《まーらんせん》など中小型船ですら沖縄島各地の海岸に着岸するのは容易ではな

く、しかも十八世紀の段階になっても、いまだ各地の港湾開発がなされていなかったのである。蔡温のコメントは近世国絵図に記された停泊困難な沿岸部の状況を裏付ける。

一八一六年（嘉慶二十一）に来航したイギリスのバジル（ベイジル）・ホールの艦隊は沖縄島を周回して測量調査を行っているが、たびたび座礁の危険にさらされている。名護《なご》湾から那覇港にかけての西海岸の調査では「何個所かでは上陸を試みたが、海岸から二、三百ヤード（約二、三百メートル）にわたって張り出しているサンゴ礁のために、接近することができなかった」と述べている。そして調査の結果、最も優れた場所が運天港と判定し、この地を当時の英国海軍大臣の名前をとって「メルヴィル港」と命名している（バジル・ホール『朝鮮・琉球航海記』）。

結局、艦隊が停泊地として選んだのは運天港と那覇港であり、近世国絵図に記載された「大船」停泊可能な地点と一致している。

王国が滅んでまもない一八九三年（明治二十四）に作成された『旧記書類抜萃《きゅうきしょるいばっすい》』では、沖縄島の港について、同じく運天港を沖縄島第一の港と評している。那覇港は港口が岩礁地帯で出入港に不便で水深も浅く、干潮時には一本の水路が使用できるのみだという。ただそれでも若干機能の劣る那覇港が中心的な役割を担っているのは、王都の首里に近接する利便性によるものだと記している。

運天港は海運の拠点として近世期には番所が置かれ、今帰仁間切の行政の中心であったが、那覇港のように外来者が居留し賑わう国際貿易港であったことは確認されていない。大型船の出入港・係留という港湾機能としては運天港のほうが優れていたにもかかわらず、那覇港が琉球の中心的な港湾拠点として発展したのはなぜか。

那覇と運天を分かつ要因となったのは、外来者が滞在する居住スペースの有無であった。運天集落は背後の三方を丘陵で囲まれ陸上交通路との連結が悪く、多数の居住者を抱える面積がない。一方で那覇の浮島には長期にわたり居住可能な広い平地部分が存在している。つまり船舶の停泊できる港湾機能と滞在者の居住性といった総合的な面で、那覇が最も適当な場所として利用されることになったのである。

2　国際都市としての那覇

那覇の外来勢力と居留地

古琉球期の那覇には外来者が居留地を形成し暮らしていた。

島内には華人・日本人の居留地と彼らがもたらした天妃宮《てんぴぐう》や寺院、権現社など外来宗教の施設、そのほか王府の交易施設である「親見世《おやみせ》」や貿易倉庫の「御物《おもの》グスク」、朝貢品である硫黄の貯蔵施設「硫黄グスク」、冊封使《さくほうし》の滞在する「天使館」などの王府交易施設が集中していた。

外来者の居留地でよく知られているのが華人の住む「久米村《くめむら》（唐営《とうえい》）」で、浮島のほぼ中央部に位置していた。「土城に百余家あり」（『朝鮮世祖実録』）と記されているように、土の城壁で囲まれた一〇〇戸あまりの居留区であり、内部には中国風の壮麗な瓦葺き建物が並んでいた。地元民と自らを隔離するような空間を築き暮らしていたのだ。この居留区には華人だけではなく、朝鮮人も住んでいたようだ。

華人らは基本的に琉球式の格好をせず、明本国と同じ服装をしていた。これが琉球式に改まるのが一六五〇年（順治七）のことである。髪型も琉球人の片髪《カタカシラ》（頭部の左側に結髪する独特の髪型）ではなく、頭部中央に結髪する明式の髪型だったので、久米村の人々は地元民と視覚的に区別ができた。久米村は総理唐栄司《そうりとうえいし》という華人の長が独自に居留区を管轄していた。当初は現地権力と一定の距離を置く自治組織であった。

そのほか、那覇は久米村の周囲に港町の中心である狭義の那覇（後の東村・西村）、若狭町《わかさまち》、そして対岸南側の泉崎《いずみざき》という四つの地区に分かれていた。

これらの地区には琉球の地元民と日本人が雑居しており、若狭町には日本の上方出身者による創設の伝承があった（『古事集』）。ここには「琉球第一大霊験」とされた波上《なみのうえ》権現が十五世紀中頃までに建立されており、琉球における権現信仰の中心的な地位を占めていた。

近隣には波上権現の神宮寺（付属寺院）である護国寺、そして十五世紀中頃に創建された広厳《こうがん》寺《じ》があり、日本僧の芥隠《かいいん》が開山住持となった。この広厳寺には近世期までに大和人墓地がつくられており、琉球式の風葬墓とは異なる石塔墓が並んでいた。近世期には薩摩藩の在番奉行のスタッフたちが葬られた例がある。戦前に行われた開発により現存しないが、これらの墓は古琉球期にさかのぼる可能性もある。

おそらく若狭町は寺社の門前町的な様相であっただろう。またその名に「町」と付くことから、この付近に市場が存在したようであり、十六世紀前半に日本より渡来した真言僧の日秀《にっしゅう》により創建された夷堂《えびすどう》が市場前にあった。

禅宗寺院や権現社など日本の宗教施設は若狭町だけでなく港町中枢や泉崎にも存在していた。那覇には華人居留地だけでなく、中世の日本社会も常に内在化されており、近世期初めの日本で那覇に「日本町」が存在する（『定西《じょうさい》法師伝』）と認識されるような状況があったのである。

日本人の海外居住圏のひとつ

ヤマトからのヒトの流れでしばしば「倭寇」が話題にのぼる。だがそれは琉日間海域の交流のほんのわずかな断片にすぎない。十四世紀以降の「南島路」の活況で那覇の港町には日本からの海商や僧侶、文化人、技術者、女性などあらゆる人々が集い生活していた。

そしてあくまでも琉日間における交流の中心は那覇であった。単発的・偶発的に各地に外来者がたどり着くことはあっても、先述のように沖縄島には着岸できる港湾は限られている。那覇に集中するのは当然の成り行きである。交流のメインストリームはあくまでも那覇にあったのだ。

近世期に王府によって編纂《へんさん》された琉球士族の家譜《かふ》（家系記録）で日本人を元祖とする士族をみると、那覇に居住していた者が大半である。古琉球期に渡来した彼らの出身地は堺・京都など畿内方面がもっとも多く、越前《えちぜん》など北陸方面、豊後《ぶんご》や薩摩・大隅《おおすみ》など九州方面と多岐にわたり、渡来者の職種も様々である。つまり日本各地から琉球へ渡航し、港町の那覇に集住していたのである。

那覇には朝鮮の三浦《サンポ》（富山浦《プサンポ》・塩浦《ヨンポ》・薺浦《チェポ》）にある倭人居留地と同じく、中世における日本人の海外居住圏として位置付けられる倭人居留地があった。それらは室町幕府や薩摩島津氏などの政治権力の介入しない純然たる民間の動きであった。

華人・日本人のほかにも朝鮮人、南蛮（東南アジア）人も那覇に滞在していた。朝鮮人は漂流民や倭寇に拉致され連行されてきた被虜人《ひりょにん》がいて、十五世紀の琉球国王はしばしば朝鮮王朝へ彼らを送還した。十五世紀後半に琉球に滞在した朝鮮漂着民の見聞録によると、那覇に滞在していた南蛮人は、結髪し肌の色は深黒で、衣服は琉球人と似たようなものだったが、ターバンは巻いていなかったという。

十五世紀の那覇には、こうした外来の人々がもたらした異国の品々があふれ、にぎわいを見せていた。国中に、絹布や苧布《ちょふ》、梳《くし》・ハサミ・針などの日用品、野菜・魚・塩辛などの食料品、そして東南アジア渡来の模様染めの絹・綿布、檀香《だんこう》などの香料、籐、中国の青黒白綿布・陶磁器などが販売されていた（『朝鮮成宗実録』）。

また浮島は一四五二年（景泰三）に完成した「長虹堤《ちょうこうてい》」という全長一キロメートルに及ぶ海中道路で沖縄本島と連結されており、王都の首里までのアクセスを容易にしていた。そして先述のように、沖縄本島側の海中道路の起点付近には泊港が存在し、奄美など琉球域内からの船舶の入港地となっていた。十六世紀頃までには《対外港＝那覇》、《域内港＝泊》と機能分化がされていたようだ。

外来と在来の宗教

以上のように、那覇には琉球にとって「異国」の宗教施設が集中していたのが大きな特徴である。こうした状況は後に築かれる王都の首里を除いて、琉球のどこの地域にも見られず、那覇は南西諸島の他の地域とはまったく異質な都市空間を築いていた。外来者によって琉球の対外窓口である那覇の港に「異国」の宗教がもたらされ、それらを信仰する人々が存在したことを示している。

では沖縄にもともとあった土着信仰と、那覇に流入した外来宗教はどのように関わったのであろうか。

琉球の土着信仰は、オナリ神信仰（女性の霊的優位信仰）やニライ・カナイ（東方海上の異世界）信仰などにもとづいたものであった。異世界からもたらされる霊力（セヂ）を体現することのできる神女（ノロ）が、各地のシマ（集落）にあった聖地である御嶽《うたき》において祭祀を行った。

各シマにはほぼ必ず御嶽があり、総数は優に一〇〇〇を超える。各シマの神女は王国成立以降、聞得大君《きこえおおぎみ》を頂点とする神女組織に編成され、王国の公的祭祀を担った。

ところが那覇には当初、浮島を専門に管轄する神女職が設置されていなかった。浮島の宗教祭祀は沖縄本島側の楚辺《そべ》の大《おお》あむ、泉崎の大あむが担当していた。本来、琉球側にとって浮島は重要な場所ではなく、あくまでも本島の付属的な位置付けにすぎなかったのである。

ようやく那覇を管轄する神女（那覇の大あむ）が設置されたのは十六世紀以降であった。つまり那覇では外来勢力による各宗教が先行して招来され、後に在来宗教の神女職が設置されたのである。港町で新たに創出された「伝統」であった。

国際的な港湾都市へ

また那覇は王国のなかでも特殊な行政区画になっていた。十六世紀以降、琉球王府は王国全域に強力な統治を達成し、「間切《まぎり》・シマ」制度という行政区画を設定、中央から各地へ間切《まぎり》掟《うっち》という役人を任命していた。だが那覇だけはこの制度は適用されず、その支配は特殊なものであった。

十六世紀までに那覇行政の長は「御物城《おものぐすく》御鎖之側《おさすのそば》」と「那覇里主《なはさとぬし》」の二人が担当していた。「御物城御鎖之側」は那覇港内に浮かぶ小島にあった王府の貿易倉庫「御物グスク」の責任者であり、本来は主に交易業務を司る役職であった。つまり那覇行政はもともとの職務ではなく、交易業務の延長線上で行われるようになったとみられる。

もう一方の「那覇里主」は一六三八年（崇禎十一）まで専用の役所はなく、借宿で業務を行っていた。那覇の浮島内にあった一般住民の家を転々としていたのである。

以上の点からも、那覇が外来勢力の居留地としてまず形成され、後に現地権力の介入により本格的な港市として発展した経緯を想定できるのではないだろうか。

那覇の各地区は「東殿《ひがしどの》・西殿《にしどの》・若狭殿《わかさどの》・楚辺勢頭《そべせど》」という地区長がそれぞれ管轄していたが、この役には那覇居住の日本人が就くこともあった。沖縄の地元民と外来者が那覇では厳密に区別されていなかったのがわかる。久米村はこれとは別個に、華人たちが自治的な組織をもって管轄していた。

琉球の現地権力と那覇の外来勢力は比較的ゆるやかなカタチでつながり、港町には多民族が混ざり合う国際的な状況が展開されていた。

こうした比較的自由な雰囲気とコスモポリタンな状況は琉球だけにとどまらず、世界各国の港湾都市にも共通する面がある。たとえば十五世紀における東南アジア有数の港湾都市マラッカでは、実に八四の言語を話す人々が滞在し、シャーバンダールという外国人の港湾長官が四人配置され自由貿易が行われていた。

港湾都市は対外世界への窓口であり、多様なヒトやモノ、文化が流れ込む。現地権力は彼らを港町に呼び込み交易を展開させることで、ともに繁栄を享受することができたのである。

明朝の琉球への優遇策

一三七二年（洪武五）に明朝の入貢要請に応じた浦添の察度は、「中山王」として弟の泰期を派遣し、以降五〇〇年にわたって琉球と中国との冊封・朝貢関係を続けることになる。明朝初期の対琉球政策の特徴は、他の朝貢国と比べ著しく優遇された条件だったことである。

琉球が明朝に入貢して以降、しばらくは二年に一度のペース、しかも明使の琉球往来船に便乗するかたちで朝貢が行われていたようだ。

近世琉球の進貢船模型　沖縄県立博物館・美術館所蔵

この流れを変えることになったのが、一三八三年（洪武十六）の三山各王への明使派遣と山北王の初入貢、一三八五年の中山・山南への大型海船の下賜である。

下賜された海船は中国沿岸部に配備されていた軍事組織・衛所《えいしょ》や千戸所《せんこしょ》の軍船であった。各船には字号《じごう》（漢字の船名・番号）が付けられており、永楽年間（一四〇四〜二四）までに延べ三〇隻に及ぶ字号船が琉球へ無償提供されたのである。琉球ではこのクラスの船を自前で建造できず、老朽化の際には明朝へ修理を求めている。

その大きさは中国の四百料官船と同クラスの乗員約一〇〇名、全長三〇メートルで、さらにこれを上回る乗員三〇〇名の八百料船や千料船クラスの船も保有していた可能性が高い。

中国の造船技術は当時世界最高水準を誇った。一四〇五年（永楽三）から七回行われた鄭和《ていわ》のアジア・アフリカ遠征では、最多で二〇〇隻の大艦隊となり、旗艦の宝船《ほうせん》は約一四〇メートル、排水量一万五〇〇〇トンで当時世界最大の船であった。明朝の大型海船を保有することで、琉球は環シナ海域の広範囲にわたる交易活動が可能となったのである。

しかし、船だけいくらもらっても琉球ではそれを扱う地元民はほとんどいない。このため、さらに海船を操舵する航海スタッフ、外交文書（表文《ひょうぶん》）の作成や通訳（通事《つうじ》）など朝貢業務を支援するための華人集団が派遣されることになる。

派遣された「閩人三十六姓」

後に「閩人《びんじん》三十六姓の下賜」として神話化されていくが、明朝の「欽報《きんぼう》」、すなわち公的な指令を受けるかたちで琉球に赴き梢水《しょうすい》（水主）から火長《かちょう》（船長）を勤め、一四三一年に帰郷を願い出た潘仲孫《はんちゅうそん》、命を奉じて三代にわたり進貢業務に従事した蔡璟《さいけい》一族などの事例があり、明朝から何らかの公的な人材派遣があったのは事実である。

おそらく公的派遣された「閩人三十六姓」は久米村へ朝貢開始以前から居住する民間の華人に加わるようなかたちで居住したのであろう。

琉球には朝貢に関しても当初は回数制限がなかった（朝貢不時《ちょうこうふじ》）。日本は一〇年一貢、安南やジャワは三年一貢である。

また三山の王に加え王世子《おうせし》や王弟、王叔《おうしゅく》など琉球一国で複数の朝貢主体が認められ、しかも他の朝貢諸国に課せられていた勘合《かんごう》制度（割符による渡航証明制度）も適用されなかった。

たとえば日本の場合、足利義満が「征夷将軍・源義満」として当初、明朝へ遣使したが、明朝はすでに大宰府を掌握していた南朝方の懐良親王《かねよししんのう》を「日本国王」と認めていたため、通交を拒絶された（やがて一四〇二年に「日本国王」として明朝より冊封される）。「人臣に外交なし」、つまり一国に一人の国王だけが通交できるという原則があったためである。

琉球に対する優遇はこれだけではない。当初の琉球船の寄港地は福建の泉州と定められていたが、実際には福州や浙江の寧波・瑞安など中国沿岸各地へ自由に来航していた。琉球の待遇は他の朝貢国と比べてもきわめて異例だったことがわかる。

明朝による海域世界の秩序化

このような明朝の琉球への優遇策の背景については、北方へ駆逐した元（モンゴル）に対する備えとして、琉球産の小型馬や火薬の原料となる硫黄を必要としていたから、とこれまで言われてきた。だが最近では次のような要因が指摘されている（岡本弘道『琉球王国海上交渉史研究』）。

十四世紀後半の成立間もない明朝は、海禁という一種の「鎖国」政策をとり、民間の海外交易を一切禁止し、くわえて海防・勘合制度を徹底して倭寇の禁圧と海外通交の統制をはかった。だが一連の制度は、それまで海外交易を行っていた民間海商たちにとって死活問題となった。

彼らは非合法の密貿易に身を投じ、一部は海賊化し、倭寇問題をさらに激化させる一因ともなる。

そのため明朝は、新興国の琉球を有力な朝貢主体に育てることで、朝貢貿易体制の外にはじかれた海寇や民間交易勢力の「受け皿」とし、彼らを合法的に貿易に参加させることで海域世界の秩序化を図ったとみられている。自らのシステムを守りながら民間海商たちに生きる術を残し、倭寇問題も解決するという方法である。

当時の明朝では沿岸地域における倭寇問題は深刻であった。倭寇の根拠地と目されていた日本に対し、明朝は再三にわたり倭寇禁圧を要請するが効果を上げなかった。一三八〇年代に入り対日交渉の行き詰まりが明らかになると、代わって隣国の琉球が注目され、海船の下賜などさらなるテコ入れが図られたのである。

明朝が想定した琉球を「受け皿」に秩序化をはかった対象こそ、那覇を拠点に海域世界を活動する民間交易勢力だったのではないか。十四世紀中頃以降における「南島路」の活況と、それにともなう港湾都市・那覇の形成が明朝の「交易国家・琉球」育成の前提としてあったということができる。

つまり琉球の交易活動は、当初より那覇に居住する外来勢力と密接に関わりながら展開したのである。次章で述べていくが、それは古琉球期の交易の実態をみても明らかである。

もちろん、そこには琉球現地権力の積極的な関与があったのはまちがいないが、従来の琉球の「国家」「王朝」ではなく、外からの「海域」へ視点を移すと、琉球が明朝に優遇され交易国家へと成長していった要因が、よりはっきりと見えてくる。

3　三山――冊封・朝貢関係が与えた影響

「世の主」から「王」へ

冊封・朝貢関係の成立が琉球に与えた影響は対外交易にとどまらず、琉球の国家・社会の性格を大きく規定していった。

まずは琉球の支配者と政治体制についてである。

琉球の現地権力である三山は、十四世紀頃から沖縄島を三分割するかたちで割拠していた按司《あじ》（首長）の連合体である。沖縄島北部を領域とする山北（北山）は今帰仁グスク、中部を領域とする中山は浦添グスク（のち首里城）、南部を領域とする山南（南山）は島添大里《しまぞえおおざと》グスク、南山グスクをそれぞれ中心としていた。彼らは沖縄島での覇権を握るべく抗争を重ねた。

三山のリーダーたちは「世の主《よぬし》（世界の主）」や「按司添《あじおそい》（按司を支配する存在）」と呼ばれていた按司連合の盟主的存在であったが、明朝は朝貢開始にともない、沖縄島の三大勢力のリーダーを「王」の称号でとらえていく。ここで三山のリーダーは中華世界のなかでの「王」という認識と、琉球世界のなかでの「世の主」という双方の認識が共存することになった。たとえば山南王は「下《しも》の世の主」とも呼ばれていたようだ。「下」というのは沖縄島の南部を意味する。

これらの認識は対立することはなく、琉球側もやがて中国側の認識を受け入れ、自らも「王」を自称していくようになる。ただし「世の主」称号も十六世紀、第二尚氏王朝の尚清《しょうせい》王頃まで使用された。もともとあった琉球世界の支配者の「世の主」観念に、朝貢関係の開始により中国側から「王」観念が付与されたのである。つまり察度以前の舜天《しゅんてん》、英祖《えいそ》らは同時代には「王」と呼ばれておらず、自らの勢力を「中山」とも自称していなかったことになる。

近世期に登場した「王統史観」では、中山の舜天・英祖・察度王統、統一後の第一尚氏・第二尚氏王統が区別されているが、古琉球では歴代の「王」を血筋で分けず、舜天（尊敦《そんとん》）を初代として数えていた。

たとえば尚寧《しょうねい》王（第二尚氏王統七代）は「そんとん（舜天）より二十四代の王」と称している（「浦添城の前の碑」）。「世の主」は本来、必ずしも血筋で継がれるものではなく、適格者がその位に就任すると観念されていたようである。琉球の「王位」は日本の天皇のように「万世一系」ではないが、少なくとも古琉球においてはその地位が連綿と継承されていると認識されていた。

明朝の冠服とカレンダー

一四〇四年（永楽二）には察度王の子・武寧《ぶねい》がはじめて「中山王」として冊封された。以後、琉球では冊封儀礼により王の地位が承認されることとなり、明朝皇帝の権威が王権の存立に絶対不可欠のものとなっていった。

明朝からは王とその一族、朝貢使節に対しさまざまな下賜品も与えられ、とくに明朝の冠服は琉球国内の身分秩序形成に大きな影響を与えた。「皮弁冠・皮弁服」（69頁図）と明朝の官僚が着用する烏紗帽《うしゃぼう》と常服《じょうふく》である。

冠服は王を媒介に臣下の官人層へも普及し、冠服を着用するかしないかでその地位が判別された。官人たちは赤・緑・青の常服と補子《ほし》という動物が描かれたゼッケンによって身分秩序が可視的に表現されたとみられる。

グスク（城）の正殿前には御庭《うなー》という広場空間があり、ここで王を中心に中国冠服を着用した家臣団が整然と並び、儀礼が厳かに執り行われたのであろう。その様子は近世期に行われていた首里城御庭の正月儀礼などからもうかがうことができる。

こうした王権儀礼を通じて王は自らを権威付け、国内での求心力を得ることができたのである。この明朝冠服は古琉球での正装となった。

また明朝からは大量の大統暦（カレンダー）がもたらされた。その使用は「正朔《せいさく》を奉じる」と

明代に下賜された皮弁冠と皮弁服（イラスト：和々）

いう朝貢国としての服属行為という意味を帯びていた。これを守ることは朝貢国の義務であり、琉球では一貫して中国元号を使用した。これは自らが中国皇帝の統治する時間に存在していることを示すものである。

さらに大統暦は各地の按司にも給付されたとみられ、彼らが王城で行われる儀礼の日程を把握するために重要な役割を果たした。

このように「中華」という外来の権威が新たに付与されたことで土着の王権はさらに強化され、琉球の国家形成の動きが加速していったのである。

琉球王権と華人集団の君臣関係

対明関係の成立は各地に割拠する按司にも変化をもたらした。一三九二年（洪武二十五）から一四二七年（宣徳二）にかけて南京の国子監《こくしかん》へ中山・山南の王族や按司（寨官《さいかん》）の子弟が官生（官費留学生）として多数派遣されたのである。

たとえば山南王の姪（後に中山王の従子とも称す）として入監した三五郎尾《さんぐるみい》や、山南の寨官・李仲《りちゅう》の二男李傑《りけつ》など、彼らは長期にわたって南京に滞在し、同時に琉球の朝貢使節としても活躍するなど、琉球の現地スタッフとして朝貢業務にも関与した。官生の経験により中国の先進文化を摂取した按司たちが各地に誕生したわけであり、自らの権力維持・強化へとつながったことは想像にかたくない。

さらに注目されるのが、那覇の久米村華人たちと琉球の現地権力、とくに中山との政治的結び付きである。十三世紀後半の久米村は現地権力とは別に、明朝皇族の家政機関である「王府制度」を模倣した組織を編成しており、その王府官職は中山王を介して皇帝より実際に付与される場合があった。

一三九四年（洪武二十七）、中山王察度の使者として活躍していた華人の亜蘭匏《あらんほう》は明朝より「王相《おうしょう》」を授与され、明朝王府の長史《ちょうし》と同ランクと位置づけられている。そのほか、琉球の朝貢使節には王府職である長史・典簿《てんぼ》、または千戸《せんこ》などを名乗る華人たちが存在していた。

そしてこの王府制度は中山の国家意識にも影響を与え、琉球では独自の官人組織を持ちながらも、やがて「首里王府」のように現地政権の呼称としても取り入れられていった。

華人たちは中山の第一尚氏王朝との結び付きをさらに強め、十五世紀初頭、王茂《おうも》・懐機《かいき》は新たに中山王となった思紹《ししょう》・尚巴志《しょうはし》のもとで長史から王相（国相《こくしょう》）を歴任した。王相は王に次ぐ補佐的存在であり、懐機は外交のみならず琉球の国内政治にも深く関与していった。

王茂の国相就任は明朝より公認されたものであり、懐機は明朝皇帝と外交上のやり取りを行える異例の待遇を受けていた。明朝の冊封・朝貢関係を媒介にした琉球王権と華人集団の君臣関係が結ばれ、「王府制度」をモデルに国内における政治体制の整備をもうながす結果となったのである。ただし琉球の王府は完全な模倣だったのではなく、独自の官人組織を備えていた(後述)。

先述のように、那覇の浮島は当初、現地権力にとってさほど重要な場所と認識されず、泊港が南西諸島内の船舶が入港する拠点として使用されていたと考えられる。やがて浮島が港湾都市として発展していくにつれ、三山のうち、とくに那覇を擁する中山が浮島の華人勢力との協力関係を築き、沖縄島の覇権を握ることになったのである。

なおこの時期、中山はその拠点を浦添から首里に移しており、一四二七年(宣徳二)にはすでに首里城とその周辺整備は完了していた。首里への遷都は、港湾都市那覇の本格的な成立と、居留する外来勢力と中山の関係強化にともない実行されたとみられる。つまり海域世界からの視点でみれば、首里は港湾那覇形成にともない築かれ発展した付属都市と位置付けられる。

第一尚氏王朝は十五世紀初めに三山を併呑し、沖縄島に統一政権を樹立することになる。

「三山鼎立」の実態

三山の各勢力はどのように朝貢を行っていたのか。互いに覇を争い抗争する三山だったが、外交・交易に関して対立はみられず、ほとんど共同で活動している様子がうかがえる。

明朝への朝貢は三山の使者が同日に入貢するケースが多数見られ、また中山王の使者だった者が、後に山南王の使者として派遣されている例もいくつか確認できる。たとえば阿勃馬結制《うばまウキチ》（ウキチ＝掟という地方役人）は一四一五年（永楽十三）に中山王思紹の使者として登場したものの、一四二四年（永楽二十二）には山南王他魯毎《たるもい》の使者として転身、一四二五年（洪熙元）には再び中山王尚巴志の使者として入貢している（『明実録』）。このような例は一人や二人ではない。

山南は単独で使者を派遣する場合もあったが、山北王の使者の入貢は中山王とほぼ全て同時に行われていた。これは中山・山南が明朝より大型海船を提供されたのに対し、山北は一隻も供与されなかったことから、中山の使節船に便乗して朝貢活動を行っていたのではないかと考えられている。

朝貢回数についても、三山が朝貢を開始してから山北が滅亡するまでの期間（一三八三〜一四一六年）で、中山が五七回、山南が二六回に対し、山北が一七回と少なく朝貢に消極的だったことも、山北が海船を所有していなかった事実を傍証する。

さらに琉球の外交文書集である『歴代宝案《れきだいほうあん》』には、中山王の文書とともに山南王のものも収録されている。この文書集は、久米村に古くから所蔵されていた中国（明・清）や東南アジア、朝鮮王朝宛ての漢文外交文書を、十七世紀頃から編集してまとめたものである。対立するはずの三山の文書が一つの場所に収められ残っていたのだ。ただ、なぜか山北王関係の文書は一つも収録されていない。このように朝貢活動に関しては、三山に敵対している様子がみられないのである。

一連の謎に関しては、これまで和田久徳や生田滋らの研究者によって、三山という実態は存在しないのではないか、山南は中山の傀儡《かいらい》政権だったのではないか、という三山虚構説・自作自演説が主張されてきた。

だが一三八三年（洪武十六）、琉球に渡来した明使の梁民《りょうみん》・路謙《ろけん》によって「時に琉球国、三王雄《ゆう》長《ちょう》を争いて相攻撃《あいこうげき》す」と報告され、洪武帝が対立する三山に停戦を勧告している（『明太祖実録』）。明使の報告は琉球での実見をもとにした信憑性の高い証言であり、停戦勧告はこの時点で入貢していない山北王にまで届けられたが、それは沖縄島内に中山・山南以外に対立する、もう一つの勢力が存在したからこその行動である。明朝が琉球の政情を正確に把握していたことは、一三七二年の入貢に当たり、当時沖縄島最大の勢力だった浦添グスクの察度に真っ先に要請したことからも明らかである。

また「安国山樹花木之記《あんこくざんじゅかぼくのき》」（一四二七年）には「琉球、国分かれて三となり、中山その中に都《みやこ》す」とあって、同時代の三山の当事者によっても国内が三分されていると認識されていた。十五世紀前後の沖縄島に、中国側から「三山」と認識される政治的に対立した三勢力が並び立っていた事実はまずまちがいない。

朝貢活動を請け負う華人たち

それでは三山共同の朝貢活動と政治対立はどう考えたらいいのか。ポイントは那覇の華人勢力が朝貢活動に関与していることである。大型海船を操舵する船長・水夫、漢文外交文書の作成、中国語の通訳など朝貢活動の実質的なスタッフは、当初ほぼ全てを華人たちが担っていた。彼らは那覇の浮島で独立した居留地（久米村）を形成しており、現地権力とは一定の距離を置いていたので、三山の政治対立に深く関わることなく、三つの勢力の朝貢活動を請け負っていたのではないか。

たとえば先に紹介した『歴代宝案』は、十七世紀に編集を開始する以前は久米村の天妃宮に所蔵された外交文書群であり、王府が管轄するものではなかった。中山王と山南王の文書が混在するのは山南が中山の傀儡政権だった事実を示すものではなく、中山・山南の朝貢活動が全て久米村を介するかたちで行われていた証拠と考えたほうがよい。山北王の文書が存在しないのは、山北が他の二山と比べ久米村と疎遠で、朝貢活動も活発でなかったことと対応している。

なお久米村以外に華人の居留地は存在したのか。山北が久米村と別個の華人集団と関係していた可能性もあるが、那覇以外での外来者の居留地の存在はまったく確認できていない。これはいまだ発見されていないというより、もともと那覇以外には存在していなかったのではないか。大型船が入る沖縄島の港は限られているのである。山北の運天港も良港だが、那覇のように居留地を形成するスペースがない。三山中もっとも朝貢回数が少なく、中山使節船に便乗して行われた事実も、彼らがお抱えの外交・交易集団を持っていなかったことを裏付ける。

十四世紀後半~十五世紀初頭の沖縄島では、政治的に対立する三山、港湾都市那覇を拠点とする外来勢力が存在し、外交・交易活動は久米村に代表される那覇の外来勢力を介するかたちで進められたのである。

三山領域を越えたネットワークの存在

三山の実態を探るもう一つのカギが、沖縄島で完結する域内流通ルートの存在である。

琉球より明朝へ贈られた朝貢品は小型馬と鉱物の硫黄であった。だが硫黄は山北領域である硫黄鳥島《いおうとりしま》でしか産出しない。それにもかかわらず、三山全ての朝貢品となっている。山北は敵対する中山・山南に優位に立つべく、本来であれば硫黄の供給をストップしてもおかしくないが、そうしていない。朝貢物資の調達が三山領域を越えて展開されていたのである。

朝貢が三山と一定の距離を保つ那覇の久米村を介するかたちで行われていたことを考えれば、硫黄の調達と流通は三山が主体となって行われたものではない可能性もある。

一三九二年（洪武二十五）、硫黄を採掘していた琉球国の民・才孤那《さいこな》ら三六名が小琉球（台湾）に

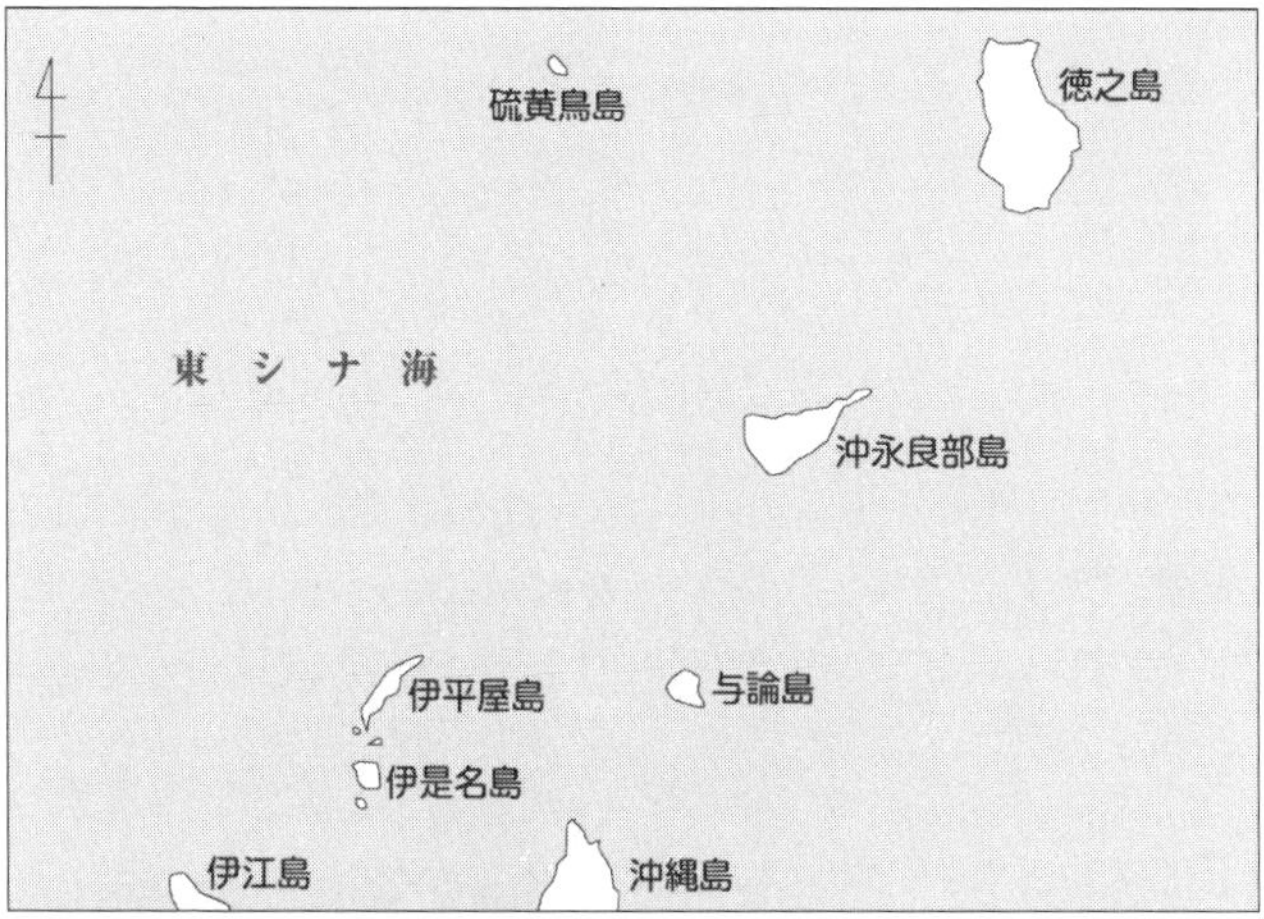

図９　硫黄鳥島と沖縄島の位置関係

漂着し、うち二八名が広東《カントン》省恵州府にて保護されたが（『明太祖実録』）、彼らの所属は単に「琉球国の民」と記されるのみである。才孤那らはもともと三山に属する存在ではなかったのではないか。いずれにせよ十四世紀後半、すでに硫黄鳥島で硫黄を採掘、船で島外へ搬出する域内物流ネットワークが存在していたことは確実である。

域内流通ルートの存在については、十四〜十五世紀頃における首里城・浦添グスク・勝連《かつれん》グスクの高麗《こうらい》系・大和《やまと》系灰色瓦が名護《なご》市北西部、屋部《やぶ》・宇茂佐《うむさ》付近で生産されていた可能性が高い事実も挙げることができる。中山で使用する瓦を山北で生産し、わざわざ中山まで輸送していたことになるのだが、一方で山北のグスクには瓦はまったく使用されなかった。

屋部・宇茂佐に隣接する屋部川河口では不良品

を含む瓦が多数採集されているが、瓦窯《かわらがま》が当地にあったとすれば、水運による搬出を前提としており、沖縄島だけで完結する域内海運ネットワークが十四〜十五世紀代に存在したことを意味する。

この時期の南西諸島で瓦葺き建物が確認されるのは、首里城・崎山御嶽《さきやまうたき》遺跡（察度王の子、崎山《さきやま》里主《さとぬし》の屋敷跡）・浦添グスク・勝連グスクだけしかなく、それ以外はみな板葺きか茅葺き建物であった。これらは全て有力按司のグスクとその関連遺跡である。

このほかには十五世紀中頃の那覇の華人居留地でも瓦葺きの建物が並んでおり（『朝鮮成宗実録』）、港湾都市も瓦の消費地であった。近年の発掘調査では那覇の港町の一部である渡地村《わたんじむら》跡から多数の瓦が出土している。瓦の消費主体が必ずしも権力者に限定されておらず、またそもそも高麗・大和系瓦の製作は外来技術が必要とされることから、瓦の生産・輸送に那覇の外来勢力が関与していた可能性がある。

以上のような三山領域を越えた経済活動の存在は、三山の実在を否定する事実ではなく、政治対立とは別個の域内流通ルートと、三山と一定の距離を保った運び手の関与を示すものである。その担い手とは那覇を拠点とする民間の交易勢力である。

従来の研究では、三山に強固かつ排他的な「国家」のイメージを投影したため、「政治対立」「経済活動」を区別して考察する視点、また那覇を拠点とする外来勢力による活動と、三山時代に存在したはずの域内経済・流通への視点を欠いていたのではないか。

たとえば日本へのモンゴル襲来（元寇）前後における緊張関係のなかでも、日中間では商船の往来があり、戦後は開戦前よりも活発な貿易船の往来があった。前近代の戦争においては、政治権力の対立・緊張関係が文化的・経済的交流の断絶には直結していなかった。三山の政治対立と三山領域を越えた交流は矛盾しないのである。

三山の政体は按司連合政権のようなゆるやかな集合体であり、三山の朝貢活動は港湾都市那覇の外来勢力にほぼ委託するような形態で進められたがゆえに、前提としての「国家」イメージとの齟齬《そご》が生じ、三山の実態をややこしく見せていたのである。

第三章　琉球の大交易時代

「琉球国は南海の勝地《しょうち》にして、三韓の秀を鍾《あつ》め、大明を以て輔車《ほしゃ》となし、日域を以て唇歯《しんし》となす。此の二中間にありて湧出せる蓬莱島《ほうらい》なり。舟楫《しゅうしゅう》を以て万国《ばんこく》の津梁《しんりょう》となし、異産至宝《いさんしほう》は十方刹《じっぽうさつ》に充満せり。」（「万国津梁《ばんこくしんりょう》の鐘（旧首里城正殿鐘）」銘文）

〔現代語訳〕「琉球国は南海の景勝の地にあって、朝鮮の優れたものを集め、中国とは車輪と軸のような関係、日本とは唇と歯のような関係（ともになくてはならない親しい関係を意味）である。琉球は日本と中国の間にあって湧き出る蓬莱の島である。船をもって世界の架け橋となり、珍しい宝はいたるところに満ち溢れている。」

銘文には、琉球が朝鮮や中国・日本との相互依存関係を築いて「万国の津梁（世界の架け橋）」となり、異国の宝物が満ちる「蓬莱島（仙人が住むといわれた理想の島）」として記されており、海上交易国家の様相を示す名文句として広く知られている。

1　対アジア・中国――華人ネットワーク

「万国の津梁（架け橋）」となる

古琉球の人々の活動は南西諸島で完結したものではなかった。この時代は「大交易時代」とも呼ばれ、琉球王国が海域アジア世界において中継貿易を展開し、繁栄した時代でもある。その範囲をみると北は朝鮮や日本、南はジャワやスマトラなど広大な地域に及んでいる。

その繁栄の様子は一四五八年（天順二）に鋳造された「万国津梁《ばんこくしんりょう》の鐘（旧首里城正殿鐘）」の銘文に刻まれている。

沖縄県民はこの鐘の銘文を好む。たとえば二〇〇〇年に沖縄で開催されたサミットのメイン会場は名護市の万国津梁館と名づけられた施設だが、その名の由来はこの鐘である。また沖縄県庁にある知事会見室の後ろにある屏風には漢文の文章が記されているが、その内容は「万国津梁の鐘」に刻まれた銘文をそのままそっくり屏風に写したものである。かつて沖縄にあった栄光の時代を思い起こさせるシンボルとして、今でも多くの県民の心をとらえている。

このように交易の側面から注目されてきた鐘だが、実はこの時期の琉球を特徴づける重要な要素が他にも確認できる。まず銘文は仏教寺院に掛けられるはずの和鐘に刻まれており、それが国王の宮殿である首里城正殿に設置されたこと。銘文の内容は、その大半が仏教的文言によって尚泰久《しょうたいきゅう》王の治世を祝い称えたものであること。撰文は相国寺《しょうこくじ》住持の渓隠安潜《けいいんあんせん》、鐘の製作はヤマト（日本）鋳物師《いもじ》の藤原国善《ふじわらのくによし》であること、などである。

渓隠は当時の琉球における有力な禅僧であり、後に琉球禅林を代表する天界寺の開山住持としても知られている。彼の出身地は不明だが、銘文で琉球を「南海の勝地」と位置付けていることから、北に軸を置いた視点を持つ禅僧であることはまちがいない。琉球に視点の軸があれば自らを「南海」とは位置付けないはずだからだ。例えば華人の建立した一四九八年（弘治十一）の「国王頌徳碑《しょうとくひ》」は琉球を「東南海島」と位置付けていたことからも傍証されよう。また藤原国善は北九州出身の廻船鋳物師と推定されている。

つまり「万国津梁の鐘」からは、当時の琉球王権に外来宗教である仏教（禅宗）が浸透していたことがわかり、その背後には海域世界に広がる禅宗ネットワークと、琉球で活動する外来の民間諸勢力の存在がうかがえるのである。

琉球の中継貿易は王府が運営する国営貿易であり、明朝への朝貢を軸に、中国産品（陶磁器など）を入手して日本や東南アジアへ供給し、さらに東南アジア産品（胡椒《こしょう》・蘇木《そぼく》など）や日本産品（刀・屏風・扇子など）を、明朝への朝貢に際しては附搭貨物《ふとうかぶつ》（交易品）として持参し交易する形態で

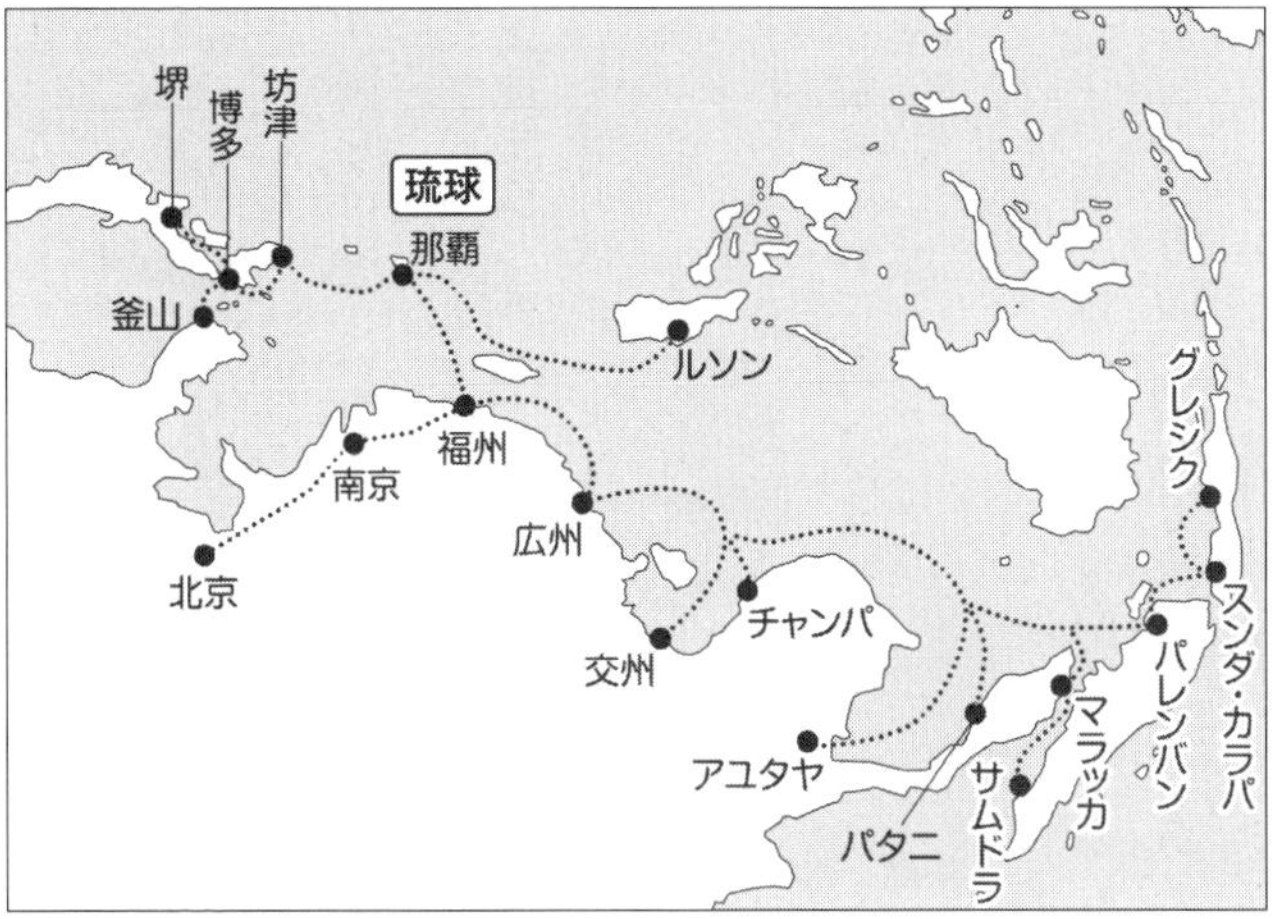

図 10　15～16 世紀における琉球の交易ルート

旧首里城正殿鐘　沖縄県立博物館・美術館所蔵

あった。

このような一連の交易システムを築くにあたり、新興の小国だった琉球は当時の環シナ海地域にはりめぐらされていた民間主体の交易ネットワークに便乗するようなかたちで参入していた。ここでは那覇の外来勢力と現地政権の琉球王府がどのような関係を築きながら外交・交易活動を進めていたかに視点を置いて述べていこう。

朝貢貿易と華人への依存

中国明朝との朝貢貿易は一三七二年（洪武四）から始まる。先述したように、琉球は一三八三年（洪武十六）から明朝より大型海船を無償で提供され、以降は「朝貢不時《ちょうこうふじ》（無制限の朝貢）」と言われるほど頻繁に朝貢使節を派遣した。日本が一〇年に一度、安南（ベトナム）が三年に一度の朝貢であったことを考えれば、明の朝貢国のなかでも群を抜いて朝貢回数の多かったことがわかる。

琉球の朝貢品は自国の産物である硫黄と小型の馬が基本だが、中継貿易で得た胡椒や蘇木、象牙、扇、日本刀など東南アジアや日本の産物も献上していた。そのほか、朝貢とは別に附搭貨物という国王名義で持参した交易品があり、その主体は東南アジア産の蘇木であった。

福建省の福州（当初は泉州）には琉球人たちの滞在施設である琉球館（泉州に来遠駅《らいえんえき》、福州に柔遠《じゅうえん》駅）があり、ここから一部が北京（当初は南京）の皇帝へ国王からの文書と朝貢品を献上し、皇帝から朝貢品の何倍もの価値を持つ回賜品《かいしひん》（返礼の品）をもらった。残りの使節は福建において交易業務を行い、この取引で大きな利益を得た。言い換えれば、皇帝への朝貢はそのこと自体でも返礼の利益を得られるが、福建での国王附搭貨物の取引に便宜をはかるための手段であったとも捉えることができる。

琉球の中継貿易は、この明との関係が機軸となることで初めて可能になった。琉球は明への朝貢貿易の業務を那覇に滞在する華人にほぼ依存していたことはすでに述べた。たとえば進貢船を動かす船長（火長）はほぼ例外なく華人であり、水夫（梢水《しょうすい》）も当初は大半が華人であったと考えられる。

朝貢業務に不可欠な漢文外交文書の作成も久米村の華人たちが担っており、現場で活躍する通訳（通事）なども華人である。やがて時代を経ると実務スタッフの中に琉球人もいくつか確認されるようになるが、朝貢を開始した当初は華人が進貢船の業務全般を担当し、その中で琉球人の使節代表など少数が乗り込んでいるのが実態であった。

王権を支える華人たち

外交の最前線の現場においても華人ネットワークが活用された。朝貢の際には琉球人が使者の代表として立つのが通常だが、十四世紀までの朝貢使節は華人が頻繁に登場する。

華人の亜蘭匏《あらんぽう》は一三八一年（洪武十四）から九八年（洪武三十一）にかけて一〇回も中山王の使者として渡明しているが、彼は「王相《おうしょう》」でもあり、久米村を統括するリーダー的存在であったとみられる。一三九四年（洪武二十七）には中山王の察度が要請して皇帝より正五品《しょうごほん》を与えられているが、察度は亜蘭匏を「国の重事を掌《つかさど》る」と述べており、中山王の側近的な役割も担っていたとみられる。

このほか王相に次ぐ長史《ちょうし》、後代には正議大夫《せいぎたいふ》という高官位の華人が朝貢使節の代表をつとめることもあった。初期の朝貢活動に華人が大きな役割を果たしていたことは疑う余地がない。さらに代表的な華人が懐機《かいき》である。彼は一四一八年（永楽十六）に朝貢使節の長史として登場し、やがて王相として第一尚氏政権を支えた人物である。一四三二年（宣徳七）には皇帝より直接、頒賜品《はんしひん》を与えられており、国王を飛び越して皇帝と直接やり取りできる異例の待遇を受けていた。

懐機は、一四三六年（正統元）には中国天師道（道教）の総本山・龍虎山《りゅうこざん》の天師大人《てんしたいじん》へ使者を送り、国王尚巴志と懐機の誥録《こうろく》（信徒を証明する法録の類）を求め、一四三八年（正統三）には符録《ふろく》（おふだ）を賜わっている。つまり琉球国王を介さない独自の華人外交ルートを持っていたのである。

懐機は出身や素性など不明の部分が多く謎の人物だが、彼のこうしたルートは琉球へ渡る以前にすでに構築されていたと考えられ、それが外交の際に発揮されたわけである。

琉球の対明外交と交易は、明朝のテコ入れによる人材派遣と、那覇に滞在する華人を活用したことによって成り立っていたといえよう。

東南アジア諸地域の華人政権

「交易の時代」到来にともない、華人社会が各地に形成されていた東南アジアへは、対明関係と同様、久米村華人たちの先導による貿易が展開された。

漢文外交文書集『歴代宝案』では、シャム・マラッカを主な取引先として、パタニ・パレンバン・ジャワ・サムドラ・スンダ・安南（ベトナム）などの東南アジア諸地域へ一四一九年（永楽十七）から一五七〇年（隆慶四）までの派遣が確認される。だがシャムへの文書中（一四二五年）には「洪武年間の察度王代より連年派遣された」と記されていることから、十四世紀後半にさかのぼるとみてまちがいない。通交はおそらく明への朝貢が始まり、中国から陶磁器の安定的かつ大量調達が可能になってからであろう。

東南アジアへは中国の公文書で対等な官庁間でやりとりされる「咨文《しぶん》」を外交文書として使用した。これは交渉相手の東南アジア各国・各地域が明の朝貢国であり、共通の漢文でやり取りするのに最適だったからである。東南アジアのなかでも朝貢国でない場合、たとえばスペイン領フィリピンに対する「咨文」形式の外交文書が『歴代宝案』に収録されていないのは、別の方式で外交文書が出されたからであろう（対フィリピン通交については後述）。

琉球からは大量の中国陶磁器が輸出され、代わりに胡椒や蘇木、象牙などを入手した。これらの入手は、明への進貢品確保を名目に交易が行われた。

また東南アジア通交は一度に全ての地域へ行われたのではなく二、三カ国ほどであり、時期によって派遣先が変化しているのも特徴である。主な派遣先は、十五世紀前半はシャム・パレンバン・ジャワ、十五世紀後半はシャム・マラッカ、十六世紀前半はシャム・パタニ、十六世紀後半はシャムのみと変遷する。シャムは全期を通じて派遣され続け、マラッカがこれに次ぐ。東南アジアでは現地人とは別に華人が政権を樹立し、コミュニティを作っていた。こうした地域との外交にも琉球在住の華人は活躍することになる。

華人政権であったジャワ島のパレンバン（旧港）へは、日本の九州探題《たんだい》・渋川道鎮《しぶかわどうちん》の依頼によるパレンバン漂着民送還のため、琉球の王相・懐機が前面に立つかたちで使節が派遣された。一四二八年（宣徳三）の遣使に始まり、以後一四四〇年（正統五）まで数度にわたり通交が行われた。

この通交のきっかけはあくまでも漂着民送還という突発的な出来事であったが、その後も関係を継続した真の目的は東南アジアで新たな市場を開拓することにあったと考えられる。この時期、最大の取引相手だったシャムとは貿易品買取の方式をめぐって関係が悪化していたからである。

明より「旧港宣慰使《きゅうこうせんいし》」に任じられたパレンバンのリーダーは国王よりワンランク格下であり、懐機による外交は、琉球国王に次ぐ地位の王相と対等な関係であることと、また両者の華人同士によるネットワークの活用が考慮されてのことであった。パレンバンの宣慰使は広東《カントン》出身の施氏《せ》がその地位を世襲していた。当然、外交文書は漢文形式のものが送られ、実際の交渉も中国語で行われたとみられる。

官ではなく民間ベースの商取引で

琉球の東南アジアへの交易は「大明天朝に進貢するに備う」、すなわち入手した東南アジア産物を朝貢品として調達することを名目に行われた。両者が朝貢国同士であることから、交渉に共通の素地があったわけである。だが、こうした交易は当時の東アジアを覆っていたとされる明の冊封《さくほう》・朝貢《ちょうこう》体制の「公的」な枠組みに完全に沿ったかたち、国家同士の「官」による売買で必ずしも進められたのではない。

十五世紀前半まで、シャムにおける琉球の貿易品は民間市場において取引されていたようだが、一四一九年（永楽十七）、琉球の使節船がもたらした貿易品に対し、シャムの「管事頭目《かんじとうもく》（貿易担当官)」は官による売買を強制した。官による売買だと交易品の売却の値段が民間市場より低く設定され、また役所で物品を逐一チェックするので時間が膨大にかかってしまう。

これに対し琉球側は粘り強く撤回を求めたが交渉は難航、シャムとの交易で不利益を被《こうむ》ることをみた琉球はシャム通交を何度か停止した。パレンバンへの通交開始は、先述のようにシャム交易に代わる新規市場開拓という意味もふくんでいたとみられる。

一四三〇年(宣徳五)、琉球船のシャム派遣が停止され、代わりにパレンバンに船が派遣された際、琉球使節は同地に滞在するシャム船の乗員からシャム国王が「管事頭目」を更迭したとの情報を入手した。この機を逃さず、翌年再度シャムへ官売買の停止交渉を試み、「両平(公平)」な自由取引を主張して、ついに要求は受け入れられた。琉球は朝貢国同士の「官」による売買を絶対の前提とせず、民間ベースの商取引により近づくかたちでの交易を働きかけていたのである。

琉球の中継貿易は明の冊封・朝貢体制を前提とした国営中継貿易だったといわれる。たしかにそれは誤りではないが、琉球の東南アジア外交・交易は、朝貢体制をある程度は前提にしつつも、絶対の枠組みとして存在したわけではない。

琉球と東南アジア間の外交・交易が国家間同士の等しく双方向的な関係ではなかったことは、琉球側の積極的な通交に対して東南アジア側から琉球への公的な使節派遣がほとんど見られなかったことからもわかる。

十五世紀の那覇港への「南蛮船」来航の状況を伝える諸史料や「南蛮国の人皆来り、商販し往来絶えず」(『朝鮮成宗実録』)とあることから、東南アジアから琉球への通交は民間商船が主体であり、交易に明の朝貢体制の枠組みが絶対のものとされていなかったのである。

2　対日本――禅宗ネットワーク

極東の「小中華」日本

琉球から日本への使節船の派遣は十五世紀初頭から確認される。

その特徴は、琉球国王が日本側に対し琉球独自の称号「世の主(代主《よのぬし》)」を称しており、冊封・朝貢体制下での国王間外交とは異なるものであったこと、京都の室町幕府に対し琉球使節が「来朝」する形式、つまり日本を上位、琉球を下位とする上下関係のかたちをとって通交が行われた点である。すなわち、両者の関係は明の朝貢体制を前提としていなかったのである。

足利将軍からの琉球世の主宛ての文書は仮名書き、日本国内で使用される上意下達文書の「御《ご》内書《ないしょ》」様式に準じたものだったが、日本年号と「徳有隣《とくゆうりん》」印を使用して外交文書としての体裁を整えつつ、料紙を琉球使用のサイズに合わせるなど琉球側の文書様式も踏襲したものであった。

琉球世の主からの外交文書は、日本の中世文書の文体（和様漢文）で書かれた披露状形式の上申文書であった。文書上からみると、琉日両国の上下関係がそれぞれの合意のもとで成立していたことがわかる。

中世の日本では、明は対等、朝鮮や琉球は格下として蔑視する独自の世界秩序の意識を持っていた。実際に琉球使節の将軍謁見は、将軍邸の庭に敷かれた筵《むしろ》に座って行われるという服属儀礼的な性格を帯び、琉球使節は「来朝」の使者として扱われた。足利将軍は明に対しては琉球や朝鮮国王と同様、「日本国王」として冊封を受けた、いわば名目上は明の「属国」であるはずだが、京都で執り行われた足利義満の冊封儀礼では明側の礼式を守らず、まるで日本が上位のように儀式をアレンジし、尊大な姿勢で臨んでいた。

こうした極東の「小中華」としてふるまう日本に対し、琉球はそれらの世界観を受け入れ、両者合意のもとでの上下関係を構築した。それは心から日本に服従するという単純な理由ではない。これは実態のある支配・被支配関係ではなく、あくまでも「仮想の朝貢」であり、日本側が設定していた「小中華秩序」にあえて寄り添うことによって、琉球は日本との通交・貿易を可能にしていた。

それは中世、朝鮮王朝に「朝貢」形式で貿易をする西日本各地の領主、また明朝皇帝から

「日本国王」として冊封された足利将軍（室町殿《むろまちどの》）が遣明船を派遣して朝貢貿易を行うのと似たような通交形態といえよう。

前近代東アジアの国際関係は、中国という圧倒的な存在がありながらも、各国が設定したエスノセントリズム（自文化至上主義）にもとづいた独自秩序が重層的に並存しており（日本の神国意識や朝鮮の小中華）、各自がその世界観に立ちながら（互いが虚勢を張り合うような）「非対称の外交」が成り立つ世界だった。

琉球を代替ルートとする

新興国の琉球は交易を行うために、各国の論理を受け入れたのだ。各国が単一の国際体制とその論理を共有する現代の国際関係の鋳型を、そのままこの時代にはめてしまうと実態を見誤ってしまう。私は琉球の対外諸国に対する姿勢について、他国の外交論理を《我が物として利用》したのだと考えている（後述）。それは中国の冊封・朝貢体制ですらも、である。

琉球は日本と東アジア世界のなかで「私的」で特殊な関係を築いた、と表現するのは適切な表現ではないと思う。琉球が中国に対してそうしたように、相手の世界観や外交ルールをあえて受け入れ（＝我が物として利用し）、交易をスムーズに展開しようとしたのである。

仮に中国や日本に対し相手側の外交ルールを逸脱し、琉球が唯我独尊的な姿勢で赴いても門前払いされ、交易ができなくなるだけである。実際、日本は明に対して明の外交ルールと無視した尊大な姿勢で臨むことで、交渉を拒否される例が何度かあった。

十五世紀前半の琉球使節船の派遣はほぼ毎年行われる積極的なもので、日本で「唐物《からもの》」と呼ばれた中国・東南アジア産品（絹織物や胡椒・香木など）をもたらした。また明朝より支給されていた大量の銅銭も琉球経由で日本へ流入した。背景には足利義持《よしもち》によって断絶した日明関係があり、琉球が「唐物」入手の代替ルートとして重要度が高まったことが影響したとみられる。

日本から入手した交易品は主に日本刀や扇子、屛風などであったが、注目すべきが日本刀である。鋭利で折れにくい日本刀は当時のアジア世界で珍重された日本の国際的商品だった。室町時代には遣明船で実に二〇万本もの日本刀が中国へ輸出されている。

琉球は日本刀の刀身を主に輸入し、外装を琉球で仕立てて中国や東南アジアに輸出したようだ。中国に送られた日本刀には朱漆塗りに螺鈿《らでん》細工の鞘《さや》が確認されるが、中世期の日本では見られない形式で外装が琉球製であることはほぼまちがいない。

東南アジアでは日本刀が「レキオ」「リキーウー」すなわち「琉球刀」と呼ばれ、琉球人たちは「ゴーレス（刀剣を帯びた人々）」とも呼ばれた。十五〜十六世紀において日本刀を東南アジアに広めたのは、実は琉球だったのである。

十五世紀前半には活発だった琉球からの日本への派遣船だったが、応仁《おうにん》・文明《ぶんめい》の乱（一四六七

〜七七）による瀬戸内海航路の不安定化と、細川氏が実施する兵庫津《ひょうごのつ》での貨物点検制度に対して琉球側の改定要求が挫折したことが要因となり、以降、琉球使節の畿内渡航はほぼ途絶することになった。シャムと同様、琉球は細川氏に対し交渉を試みるも不首尾に終わり、ついに日本の市場から撤退したのだ。

ただ日本との通交はこれで完全に断絶したのではない。日本から那覇へ向かう民間商人たちによって交易は続けられていく。

禅宗ネットワークの活用

その琉球の、対日外交を担ったのは禅僧たちであった。

京都南禅寺の流れを汲む芥隠承琥《かいいんじょうこ》や檀渓全叢《だんけいぜんそう》など琉球に渡来した日本の禅僧が、琉球使節として室町幕府をはじめとした対日交渉に派遣された。琉球王府は禅宗ネットワークを活用するかたちで対日外交を展開したのである。対日外交文書の作成などにも禅僧らが関わったようだ。

琉球では一四三八年（正統三）の時点で報恩寺をはじめとした「十刹《じっさつ》」という官寺・官僧制度が整備されていた。第一尚氏王朝初期の段階ですでに那覇・首里に寺院が林立し、王権が仏教を受容する状況が生まれていたのだ。十五世紀初頭には琉球「代主」の使者として、すでに対

琉球円覚寺仏殿　　那覇市歴史博物館所蔵

日外交に僧が派遣されている（「阿多文書」）。

第一尚氏王朝が外交文書に使用した印章「海印」も「宇宙の一切を覚知しうる仏の智」を意味する仏教用語であり、王権内部に仏教の浸透している様子がうかがえる。同じ時期に英祖王統の王墓である浦添ようどれが第一尚氏によって改修されているが、新たに作られた石棺には阿弥陀如来《あみだにょらい》や地蔵菩薩《じぞうぼさつ》など仏教彫刻が施されており、王権の仏教信仰が見える。

十五世紀中頃以降になると、尚泰久王の仏教保護政策によって那覇・首里における寺院の造営事業が活発化し、琉球仏教は本格的な隆盛を迎えた。

中世日本の港町では多様な禅宗勢力が流入して寺院を建設し、各門派の相互ネットワークによって各港町が網の目のように結び付き教線を拡大していた。琉球へも十四世紀中頃以降における「南島路」の活況によって、禅宗をはじめとした民間宗教ネットワークが港湾都市の那覇にまで拡大したと考えられる。

那覇には外来の人々とともに、多くの僧侶が滞在していた。芥隠も当初は王朝の意思とは無関係に那覇に渡来した禅僧であり、若狭町に庵を作り住んでいたが、やがて王の招きにより那覇・浦添の諸寺院を開山し、第二尚氏王朝下の一四九二年（弘治五）には琉球禅林の最高格である円覚寺の開山住持となった。

琉球の王権は芥隠のような那覇で活動していた禅宗勢力を支援し対日外交に活用したのである。彼ら禅僧は琉球のために活躍すると同時に、国境を越えた禅宗門派に属する一員でもあった。

日本への留学、参禅

こうした日本からの禅宗ネットワークが琉球で形成されるにつれ、琉球出身の僧や帰依する門徒たちが日本へ留学、参禅するようになる。琉球僧の鶴翁智仙《かくおうちせん》は一五二四年（大永四）、京都の東福寺で彭叔守仙《ほうしゅくしゅせん》のもとに近侍し、「坂東《ばんとう》の大学」と称された足利学校にも学んだ。また十六世紀の大徳寺住持の語録には、僧侶のほかに琉球官人や俗人の男女などさまざまな参禅者の名が確認できる。彼らは琉日間を往来する商船に便乗して畿内までやって来ていた。

十六世紀から十七世紀にかけて琉球の禅僧で著名だった菊隠宗意《きくいんそうい》も、琉球円覚寺から畿内へ渡り、大徳寺派の笑嶺宗訢《しょうれいそうきん》のもとで学び（堺の南宗寺に滞在か）、やがて禅林の法階の最高位まで昇った。そして同門の古渓宗陳《こけいそうちん》の法を嗣《つ》いで琉球へ帰国、一六〇九年（万暦三十七）の薩摩島津軍の琉球侵攻では日本留学で築いた経験と人脈を買われ、島津軍との講和交渉に当たった。

このように、対日外交では日本につながる禅宗ネットワークを活用した交渉が主に展開されていったのである。

ただし、僧侶は対日外交だけに派遣されたわけではない。報恩寺住持の天屋裔則《てんおくえいそく》が一四三八年（正統三）に明への朝貢使者として派遣された例があり、一四六六年（成化二）には華人が就く「長史」が室町幕府へ派遣されていることから、必ずしも《禅僧＝対日外交、久米村＝対中国・東南アジア外交》との役割分担が厳密に固定化されていなかったことに留意する必要があろう。

室町幕府の管領《かんれい》・細川持之《もちゆき》（在職一四三二～四二）には琉球の「代主（国王）」とともに「王将軍」から書が送られており、その返書が残されている（「足利将軍御内書并《ならびに》奉書留《どめ》」）。返書には「王将軍」に「琉球国執事」と注記されていることから、「王相（国相）」と考えられ、琉球の王相が幕府管領との外交を行っていた事実が明らかとなる。

第一尚氏王朝の初期においては、王相は華人ネットワークを活用した外交のみならず、日本も含めた全方位外交を展開していたようである。

日本からの民間諸勢力

琉球の対日通交は国家間の外交・交易にとどまらなかった。十五世紀以降、日本各地の大名権力、また博多・堺商人などの民間海商らが多数来航して交易活動を行ったのである。

彼らは海域アジアの一大交易拠点だった那覇に居留し、中国・東南アジア産品を調達した。室町幕府との関係は多様な対日交流のほんの一部にすぎなかったのであり、むしろ主要な担い手は、日本各地から琉球へ渡航する海商を代表とした民間諸勢力であったといえよう。

文明年間（一四六九〜八六）以降、琉球船の畿内渡航がほぼ途絶して中国・東南アジア産品が入手困難になると、その調達のため堺から琉球への商船が増加した。例えば一四七四年（文明六）、堺商人湯川宣阿《ゆかわせんあ》らが遣明船に搭載する南海産物を入手するために琉球へ渡海している。

この民間商船の動きに対し、管領の細川氏は印判制による渡航船の統制をはかっていた。堺商人はまた禅宗大徳寺派と密接な関係を持っており、琉球禅林における大徳寺派の流入もうながした。

日本の各地から渡来した民間諸勢力は、先にみたように那覇に居留地を形成し長期にわたって滞在する者がいた。十五世紀中頃には那覇の浮島に琉球地元民と雑居するかたちで日本人の家々が存在していた。

琉球王府は那覇を拠点に活動する彼らを対日外交の「通事（通訳）」や「筑殿《ちくどの》（王府組織ヒキの副長）」、那覇の行政職などに登用し、彼らの航海技術や交易能力、海域世界で培われた語学能力などを活用して、王国の外交・交易・行政運営の一端を担わせていた。琉球寺院の梵鐘《ぼんしょう》を製作した日本人鋳物師も、王府が外来勢力を活用した一例ということができよう。

外来者を活用したのは久米村の華人や日本の禅僧だけではなかった。古琉球期の王府内には地元民と厳密に区別されることなく、那覇の日本人たちが働いていたのである。

日本の諸大名の動向

一方、山口の大大名である大内氏も遣明船に搭載する南海産物調達のために十五世紀中頃の大内教弘《おおうちのりひろ》の代から琉球との積極的な通交に乗り出した。次の政弘《まさひろ》の代には琉球の天界寺住持の外交ルートを通じて琉球国王と接触をはかった。当時の天界寺住持は、政弘が幼少の頃に山口に滞在しており、彼と旧知の仲であったからだ。ここでも禅宗ネットワークが活用されたのである。

やがて大内氏は十六世紀前半には南九州東岸の要港を押さえる島津豊州家《ほうしゅうけ》を介して対琉球交渉の主導権をにぎった。

このような状況を背景に、大内氏領国から民間諸勢力も渡来したとみられる。十五世紀後半には尚泰久王の仏教政策により、琉球で大量の梵鐘が集中的に鋳造されるが、これらの大半が北九州系鋳物師の製作とみられている。先にみた「万国津梁の鐘」もその一つである。

博多商人も一四五〇年代から琉球での交易活動を活発化させた。詳細は後述するが、彼らは朝鮮―対馬《つしま》・博多―琉球間を活動するなかで琉球王府の対朝鮮外交も請け負うことになる。

薩摩の島津氏も十五世紀前半には中国・東南アジア産物を入手する何らかの貿易関係を持っていたが、一四五〇年代にはトカラ列島の領有をめぐって琉球との関係が悪化していた。だがこの関係は十五世紀後半には修復される。

十五世紀後半の島津氏は琉球と単独の関係を持っていただけでなく、室町幕府や細川氏などの琉球通交の仲介的役割を果たしていた。十六世紀になると南九州地域からは種子島氏やトカラ列島の七島衆《しちとうしゅう》など、さまざまな海上勢力が渡航していった。

中世の島津氏は幕末にイメージされるような強大で一枚岩だったわけではなく、当然ながら琉球と支配―被支配の上下関係を築いていたわけでもなかった。十五～十六世紀の島津氏は本宗家で守護職を持つ奥州家《おうしゅうけ》、薩州家《さっしゅうけ》、相州家《そうしゅうけ》、豊州家などの庶家に分かれ、さらに領国である薩摩・大隅・日向には一族出の御一家衆や島津氏に敵対する国人衆などが割拠して争っていた。

琉球との通交は本宗家の奥州家に一元化されていたわけではなく、それぞれが独自に琉球国王と関係を結ぶこともあった。各勢力は琉球に対して下位に立ち、貿易の許可をもらうという性格だったようだ（後述）。そこで奥州家は琉球通交を独占すべく、独自の印判による渡海統制策も試みたようである。この印判制度は後の義久の代で実現する。

十五世紀中頃には琉球王国が優勢で逆に島津氏領内を侵食し、トカラ列島の臥蛇島《がじゃじま》にまで領域を拡大していた。この島は琉球と島津氏で分割統治されていた。島津氏が領国内をまとめ、「九州の覇者」として琉球に圧力を強めていくのは、もう少し後の話である。

3　対朝鮮――「倭人」のネットワーク

海賊衆（倭寇）を味方に

朝鮮への使節派遣は高麗王朝時代の一三八九年（洪武二十二）、中山王察度より開始された。この初通交は、一三六〇年代には存在していた琉球―対馬・博多間の民間交流ルートを前提に行われたとみられ、琉球側が「臣」を称して高麗を上位とする「朝貢」的通交であった。これもまた琉球と日本の関係と同様、明の冊封・朝貢関係とは異なる「特殊」なあり方である。

この外交関係は、朝鮮王朝となった一四〇九年（永楽七）、中山王思紹《ししょう》より朝貢国間で使用される「咨文」による対等外交へと変更される。だが朝鮮側では明朝との朝貢関係と、日本・琉球などの外交関係を峻別していた。琉球の「咨文」は本来、中国の官庁機関同士で使用する文書であり、宛名の「朝鮮国」が朝鮮国王を意味しないと、朝鮮側はその外交姿勢を問題視した。朝鮮王朝は倭人や野人（女真《じょしん》）らとともに琉球を「四夷《しい》」の一つと位置づけており、琉球を明の朝貢国として認識しつつも、朝鮮独自の「小中華」的外交秩序のなかでとらえていた側面があった。琉球の来航は当初、朝鮮側で「入貢」「来朝」と表現されていた。結局、朝鮮王朝は琉球の使用する「咨文」で返さず、個人間でやり取りする「書」という形式でこれに応じた。

琉球の対朝鮮通交は、基本的に対馬・博多の海商勢力に便乗する形態であった。すでに北九州・対馬・朝鮮間で構築されていた「倭人」の交易ネットワークを利用したのである。

当初、琉球は独自に貿易船を仕立てて朝鮮へ派遣していた。だが一四二一年（永楽十九）、朝鮮へ向かう琉球船が対馬の海賊に襲撃され、死者数百人、貿易品は略奪され、生存者は奴隷として連行、船も焼失するという惨事が発生した（『朝鮮世宗実録』）。

これ以降、琉球は朝鮮へ直接、船を派遣することはなくなってしまう。『歴代宝案』によると、この事件以降、琉球船は防衛のための武器を搭載するようになったという。

一〇年後の一四三一年（宣徳六）、琉球は再び朝鮮へ使節を派遣したが、この時の派遣船の主は「対馬の賊首」と呼ばれた早田六郎次郎《そうだろくろうじろう》であった。彼は対馬の豪族、早田左衛門太郎《さえもんたろう》の子で、この頃の早田氏は対馬島主の宗氏《そう》をしのぐほどの実力者となっている。

六郎次郎は交易のため那覇にたまたま滞在していたが、琉球はこの機会を利用し、彼の商船に便乗して朝鮮を訪れたのである。早田氏は一四二一年の琉球船襲撃にも関与した可能性があるが、琉球側が逆に彼らを「警固《けいご》」として雇い、単独で向かうには危険な対馬海域を通過したようだ。

「警固」という中世の慣行は、海賊衆が自分の縄張りの範囲に航行する船の安全を保障するため、報酬をもらって「ガード兼パイロット」の役を担当する行為である。警固方式は雇い主の船に海賊が乗り込むか（上乗《うわの》り）、あるいは海賊船が伴走するなど様々だった。当時、日本の遣明船や日本へ向かう朝鮮使節など外交使節船にも海賊衆による警固が適用されていたことから、琉球のやり方は不自然なことではない。

琉球は中世日本で一般に行われていた社会慣行を活用して海賊衆（倭寇《わこう》）を味方につけ、最も安全な方法で朝鮮王朝との通交を再開したのである。この便乗・委託方式は以後も踏襲され、琉球の対朝鮮通交の基本スタイルとなる。

偽使による「琉球と朝鮮の通交ルール」

一五〇〇年（弘治十三）に朝鮮へ向かった琉球使節船は四隻で四七〇人の大使節団だったが、琉球使節は正副使の梁広《りょうこう》・梁椿《りょうちん》（ともに華人）をはじめとした官人と従者が二二人だけで、残りは全て「倭人」だった（『朝鮮燕山君《えんざんくん》日記』）。琉球使節は朝鮮までの水路に熟知していなかったため、琉球に滞在していた日本の客商の船に便乗したと述べており、第二尚氏王朝の時代になってもこうした方式を継続していた。

通交は主に、倭寇に拉致《らち》された朝鮮被虜人や漂着民の送還を名目に行われた。琉球には倭寇に拉致された人々が多数やって来ていた。それは琉球の那覇が当時の環シナ海地域の交易都市であり、各地からヒト・モノが集まる場所であったからだ。琉球は彼らを送還することで、朝鮮との交易の機会を作ったのである。

琉球の対朝鮮外交では、朝鮮出身にして「倭人」の金元《きんげん》（源）珍《ちん》ら「境界人」が活躍している。彼は朝鮮王朝や肥州太守《ひしゅうたいしゅ》源　義《みなもとのよし》の使者としても登場する。どこの国にも専属せず、国境をまたいで活躍する「外交エージェント」ともいうべき存在であった。

一四五〇年代以降には道安《どうあん》や佐藤信重《さとうのぶしげ》らの博多商人が琉球王府から委託され対朝鮮外交を担った。彼らは琉球国王より明朝式の冠服を賜わり、一時的に国王の「臣下」となって琉球の外交文書を持って朝鮮へ向かった。日本の海商たちは琉球の外交そのものも琉球からアウトソーシングされてしまうのである。彼ら海商は中国・東南アジア産物獲得のため那覇に来航しており、ここで入手した胡椒・蘇木などをもとに朝鮮との交易活動を展開した。

博多商人にとって「琉球国王使」を名目とする通交は絶好の貿易機会であり、琉球王府と日本の海商は相互依存の関係を築いて朝鮮との外交・交易を進めたのである。

だが、このような委託関係の構造が、海商たちによる琉球国王の「偽使《ぎし》」を創出する要因にもなってしまう。博多商人らは単独で朝鮮へ赴き、琉球国王の使者と偽って交易を幾度となく行うようになる。

外交委託による交渉ノウハウを蓄積していた彼らは、驚くべきことに自ら朝鮮王朝に掛け合って偽使による「琉球と朝鮮の通交ルール」も提案することになった。外交文書に「書契《しょけい》」という文書を使い、割印で「正規」の琉球使節かどうかを判断するシステムである。当然ながら当の琉球はまったく関知していない。博多商人は琉球の関与なしに琉球の外交を実行できるようになり、それを名目に交易活動を行ったのである。

偽使にとって幸いだったことに、琉球人自身の使節は一四六一年（天順五）から一五〇〇年（弘治十三）まで派遣されず、朝鮮で鉢合わせることはなかった。

悲願の仏典獲得

また琉球の対朝鮮通交の大きな目的の一つが高麗版大蔵経《だいぞうきょう》の獲得であった。中世には日本の諸勢力がさかんにこれを請求し、とくに将軍以下の幕府要人にとって朝鮮通交の第一の目的がこの経典の入手にあった。

弁財天堂（経堂跡）　撮影：著者

十五世紀初頭までに仏教が浸透していた琉球でも仏典そのものが国家鎮護の源泉として観念されており、その獲得は悲願であったと考えられる。一四五五年（景泰六）に琉球使節の道安が下賜を要請した大蔵経は、一四五七年（天順元）に琉球へ初めてもたらされた。同時期に創建された天界寺に収めるためと考えられる。

大蔵経の伝来と軌を一にして、一四五七年に首里城正殿の雲板《うんばん》、越来《ごえく》グスクの鐘、一四五八年に首里城正殿の万国津梁の鐘、大里グスクの雲板など、王家関連のグスクに梵鐘・雲板が次々と製作・設置されている。一連の梵鐘鋳造は大蔵経の獲得を記念した国家的なモニュメントとしての目的があったのではないだろうか。

大蔵経の入手以降、琉球から朝鮮への積極的な派遣はなくなり、十六世紀以降は朝貢先の北京で交渉をするかたちへと変わっていく。

第四章　海の王国――この国のかたちについて

十五世紀初頭、沖縄島に成立した琉球王国は、やがて北の奄美地域、南の先島地域に軍事行動を展開して勢力を拡大、十六世紀には奄美大島から与那国島までの海域を掌握する国家となった。その範囲は東京から福岡までの距離にほぼ相当する広大な領域である。

ここでは琉球の国内体制や文化・宗教・技術あらゆるものが外来のヒトやモノにどのように影響され、どのように受容されてきたか、そのありようを探っていきたい。

1　王国の組織と防備

北の奄美から南は先島まで

琉球の版図拡大は北方の奄美地域から進んだ。沖縄島のすぐ北の与論島《よろんとう》は一四三一年（宣徳六）、奄美大島は一四四〇年代にはすでに王国の勢力下に組み込まれていた。一四五〇年（景泰元）にはトカラ列島の臥蛇島《がじゃじま》（薩摩と分割統治）まで到達し、遅れて一四六六年（成化六）に抵抗する喜界島を征服して奄美地域を掌握した。

先島地域は一三九〇年（洪武二十三）には宮古島の与那覇勢頭豊見親《よなはせどとうゆみや》が中山の察度に入貢しており、十五世紀には琉球とのゆるやかな貢納関係が結ばれていた。一五〇〇年（弘治十三）には首里から王府軍が派遣され八重山を征服（アカハチ・ホンガワラの乱）、先島を完全に琉球の統治下に置いた。一五一一年（正徳六）には久米島の按司たちも従属させた。

また十六世紀の尚真《しょうしん》王代には沖縄島各地に割拠していた按司たちを首里に集住させ、按司の経済的・軍事的な力を完全に削いで中央集権化を達成、王国全域に「間切《まぎり》・シマ制度」という行政制度を設定し、首里の王府が直接地方を統治する強力な体制を築いた。

この王国の特徴は、那覇に形成された海域アジア世界有数の港湾を持つ交易国家としての性格を持つだけでなく、この那覇を中核として、南西諸島の広大な海域に点在する多数の島嶼《とうしょ》を海上ネットワークでつなぐ国家だったことである。それは広大な砂漠に点在するオアシスの都市を束ねることで成り立っていた中央アジアの国々と似ている。

また一極集中の港湾都市を中心に交易を展開していく琉球の国家形態は、マラッカをはじめとした東南アジアの港市国家のありようと共通する。つまり、琉球王国という国家は農業を中心とした陸上国家の視点では図れない側面があるということである。

こうした国のかたちがもたらした影響は外交や交易だけでなく、政治・文化にも広く及んだ。港湾都市那覇には海域世界からさまざまなヒト・モノ・情報が流入しストックされた。これにとどまらず、ストックされた多様な要素は港湾都市という場で相互に影響を受け、地元の要素とも融合して独自のものへと変化を遂げ、やがて南西諸島社会に放射状に伸びる海上ネットワークによって波及していった。

組織を一隻の船に見立てる

琉球王国の中心であった首里城の王府には独特の中央組織が存在した。それが「ヒキ」と呼ばれる組織である。「ヒキ」とは琉球語で「血縁、祭祀の集団、組織」といった意味があるが、そうした名称を王府の公的組織にも採用していた。

「ヒキ」の最大の特徴は、船の組織をモデルにしていたことである。「ヒキ」は全部で一二のチームに編成されており、その長は「船頭《せんどう》」と呼ばれた。副長は「筑殿《ちくどの》」で、これも船に関係する名称である。本土では船頭の助手にあたる者を「チク（チグ）」という船乗り役がある。つまり一つの「ヒキ」というチームを一隻の船に見立てていたのである。

一二の「ヒキ」はそれぞれ「勢遣富《せいやりとみ》ヒキ」「謝国富《じゃくにとみ》ヒキ」など固有の名称が付けられており、さらに三つの「番《ばん》」というグループに区分されていた。

この三つの「番」は王府の「こおり」という三つの官衙《かんが》のもとに編成されており、この「こおり」を統括するのが「三司官《さんしかん》」という国政をつかさどる三人制の大臣であった。ちなみに三司官は琉球名で「世《よ》あすたべ」と呼ばれた。「世」は琉球世界、「あす」は長老、「たべ」は「達・部」で、「世の長老たち」を意味する。首里城への出仕は三司官を筆頭にした三つの「番」が交替で行っていた。

さらなる「ヒキ」の特徴は、この組織が単なる行政組織にとどまらず、軍事・貿易業務も兼務するフレキシブルな組織であった点である。通常は行政組織だが、緊急時にはこの「ヒキ」が一つの部隊となり、軍事組織として機能した。また海外貿易の際には、「ヒキ」のチームを単位に貿易船に乗り込み、そのまま航海組織となったようだ。

海原を駆ける航海組織

琉球の所有する貿易船には「勢治荒富《せじあらとみ》ヒキ」など「ヒキ」と同じ船名が付けられており、「ヒキ」は同名の船に乗り込み航海したと考えられる。海に出た琉球船は倭寇《わこう》などに襲われる危険性があり、防衛のための武器も搭載していた。軍隊の性格を持つ「ヒキ」は船の警固なども担当していたであろう。中央組織以外にも「ヒキ」は離島でも一部に所属する役人がいたが、中央とどのような関係を持っていたのか、詳細な実態は残された史料が少ないため不明である。

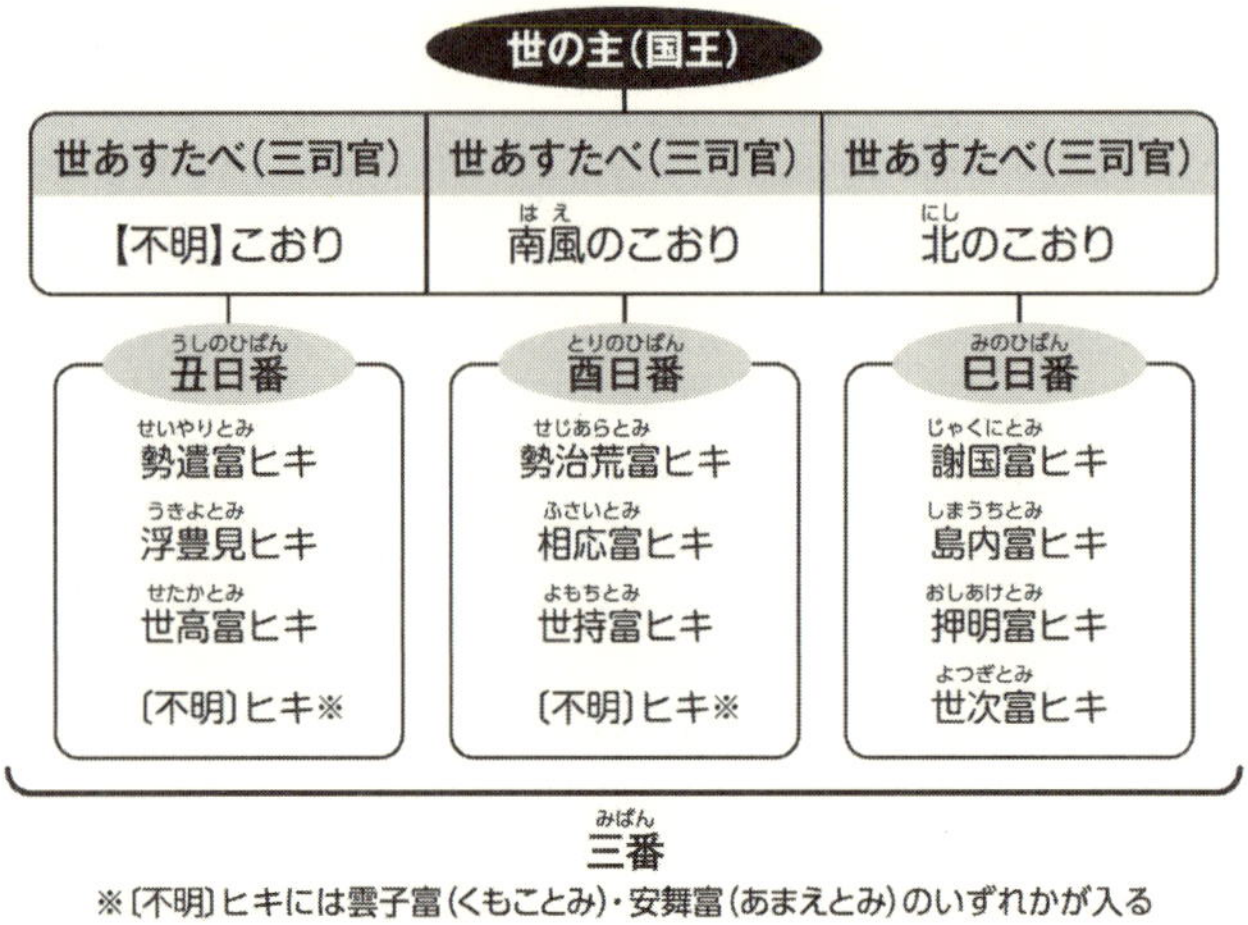

※〔不明〕ヒキには雲子富（くもことみ）・安舞富（あまえとみ）のいずれかが入る

図 11　古琉球のヒキ概念図

「ヒキ」制度は十六世紀初めにはすでに成立していたが、十五世紀後半の第一尚氏王朝期には首里城を三交替で出仕する「ヒキ」の原型が確認できる。おそらく首里王府を中心とした原ヒキ制度に、第二尚氏王朝の中央集権化で各地に割拠していた按司層たちが吸収され、完成したものと推測される。

このように琉球王府は同一組織で行政・軍事・貿易をローテーションで行う体制を敷いていた。琉球に日本の武士のような軍事を専門とする組織が一見確認できないのは、こうした組織形態によるところが大きい。琉球に武士はいなかったのではない。文官が武官をも兼務する組織形態であったのである。

似たような組織として挙げられるのは、中国東北部の民族ジュルチン（女真、満洲族）の「八旗《はっき》」

と呼ばれる組織である。この「八旗」は八つの「グサ」という組織で編成され、「グサ」はさらに五つの「ジャラン」―「ニル」という小組織から構成されていた。「ニル」は巻き狩りを行う際の組織で、満洲族全てが編入される社会組織であり、戦争ではこの組織がそのまま軍隊の一部隊として機能した。

満洲族はやがて十七世紀に「清朝」を樹立、万里の長城を南下して中国全土を掌中に置き組織も次第に変質していったが、当初は遊牧社会のあり方がそのまま組織形態にも反映されていた。

つまり満洲族の場合は草原を駆ける狩猟組織が、琉球の場合は海原を駆ける航海組織が、それぞれ国家編成のモデルとなったのである。琉球が交易国家として成長し、琉球社会に海域世界の航海活動が不可欠のものとなったからこそ生み出された制度であるといえよう。

古琉球の軍事防衛体制

さて軍事組織でもあった「ヒキ」は具体的にどのように機能したのか。琉球王国の中枢である港湾都市の那覇、政治都市の首里には、「ヒキ」を主体とした防衛体制がしかれていた。

古琉球の軍勢は歌謡集『おもろさうし』で「しよりおやいくさ（首里親軍）」などと謡われ、奄美・先島地域への征服活動を担った琉球王国の「軍隊」であった。一五七一年（隆慶五）には

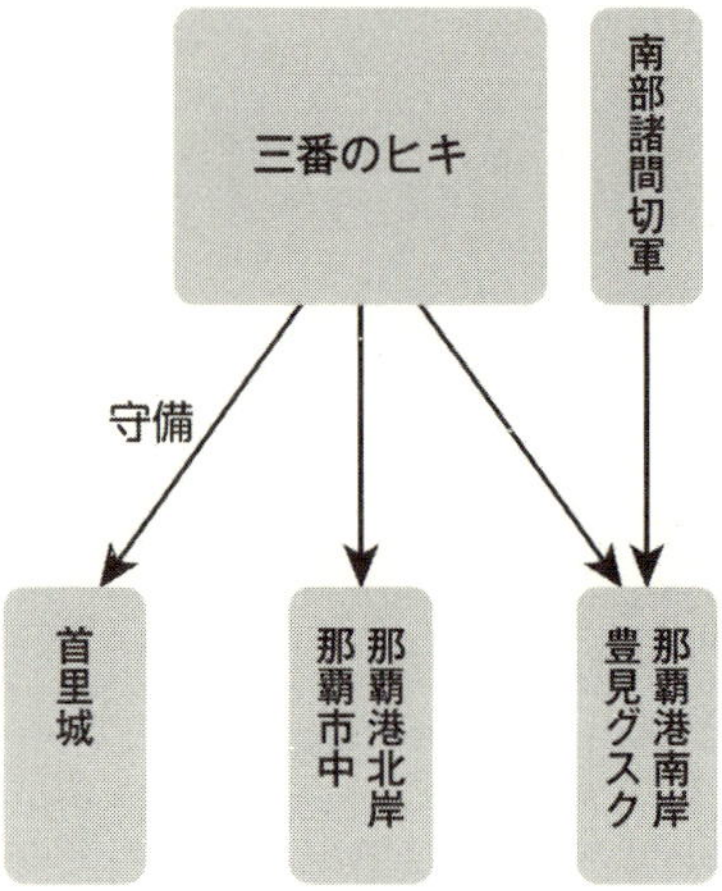

図 12　古琉球の防衛体勢

奄美の反乱鎮圧のために尚元《しょうげん》王が軍勢を派遣しており、古琉球を通じて外征能力を備えた軍事組織だったとみられる。

一五二二年（嘉靖元）には、首里城から那覇港南岸へいたる軍用路「真珠道《まだまみち》」が完成した。有事の際には、那覇港防御の前線基地となる豊見《とよみ》グスクと那覇の水源である根立樋川《ねたてひがわ》を、王府中央の「ヒキ」と南部の諸間切軍で防御に当たらせることが規定された。真珠道の完成によって軍勢の展開を迅速に行うことが可能となった。

さらに一五四六年（嘉靖二十五）には首里城の継世門《けいせいもん》側に外郭を増築して防御力を強化し、嘉《か》靖《せい》の大倭寇《だいわこう》が猛威をふるっていた一五五四年（嘉靖三十三）、那覇港口の南岸に屋良座森《やらざもり》グスクと名づけた砲台を造営し（北岸砲台の三重《みえ》グスクもほどなく完成したと考えられる）、あわせて那覇・首里防衛の制度が改定された。

「ヒキ」は少なくとも一〇〇〇人存在しており、琉球の軍事組織は王府直轄の「ヒキ」軍と地方役人「おゑか人《びと》」らの間切軍とで編成されており、一六〇九年（万暦三十七）の島津軍侵攻では沖縄島で三〇〇〇人程度の動員が確認されている。この軍勢が敵軍来襲の際に三隊に分かれ、それぞれ《首里城》《那覇市中・那覇港北岸》《豊見グスク・那覇港南岸》を守備したのである。

十六世紀半ば、琉球王国は拠点中枢である首里・那覇を、複数の要所・グスクによって連携守備する王都の軍事防衛体制を完成させた。この一大防衛網は沖縄島全域を守備するのではなく、港湾都市の那覇、そして王都の首里を海側から集中的に防備する性格を持っていた。

外敵は当然、船舶で来襲する。これまで述べてきたように大型船が多数停泊できるのは那覇や運天など限定されていた。琉球はその玄関口の防備を固めることで外敵の侵入を阻止できると考えたようだ。重要拠点が港湾都市を中心に一極集中する港市国家・琉球のあり方をそのまま反映した防衛体制であった。

港湾都市の集中防備

なお防御施設についても、海域世界の動向と外来技術が如実に反映されていた。十六世紀の「嘉靖の大倭寇」の渦中に造営された屋良座森グスクは、それまでの琉球には存在しない新しいタイプのグスクであった。港口に海中道路を伸ばし、その先端の岩礁に築かれたこのグスクは長方形の石積みで囲われ、外海側と港口側に計一六カ所もの銃眼が設けられていた。那覇港に侵入する船舶への攻撃を意図したものにほかならない。対岸の三重グスクも同様の構造であ

戦前の屋良座森グスク　　那覇市歴史博物館所蔵

った。いわば琉球の「台場」である。

この時期の中国沿岸部では倭寇対策のため「衛所《えいしょ》・堡《ほう》・寨《さい》」などの軍事施設を設け火器兵器で防御していた。琉球ではそうした築城ノウハウをもとに那覇港の砲台を造ったのではないだろうか。例えば中国山東省・蓬莱《ほうらい》水城の水門部の砲台は屋良座森グスクの構造と近似している。

グスクには銃眼が備わっていたことから、中国の築城ノウハウとともに大砲がセットになって導入された可能性が高い。十六世紀初頭には ポルトガルから中国に伝来した新型砲「仏郎機《フランキ》砲」が倭寇撃退に威力を発揮していたので、おそらくこの当時の最新兵器が琉球にもたらされたと思われる。

琉球には一四五〇年（景泰元）には「火筒《かとう》」と呼ばれる中国式火砲が伝来しており、また後述することになるが、一六〇九年に島津軍船が那覇港に侵入を試みた際、港口の両グスクから「銃」「大石火矢《おおいしびや》」と称される火器で攻撃している。大型火器が古琉球に存在したのは確実である。

このように古琉球の軍事体制も、交易国家ならではの港湾都市を集中防備する体制であり、装備や防御施設に関しても海域アジアの情勢が如実に反映されていた。

「間切・シマ」制度と島嶼支配

那覇・首里以外の王国各地域には、行政区画である「間切」が設定されていた。間切はさらに「シマ」と呼ばれる集落で構成されていた。シマはグスク時代より続く伝統集落であり、近世期になると「村」と呼ばれるようになるが、このシマが琉球の基本的な生活の単位であり、琉球の人々にとっての「小宇宙」であった。

間切の長は首里大屋子《しゅりおおやこ》といい、十六世紀初頭に各地の按司を首里へ集めた後、王府により直接任命された官僚である。首里という名称が付いているが、これは地名の首里と関係しているのではなく、例えば「北谷間切《ちゃたんまぎり》の首里大屋子」とか「笠利《かさり》間切の首里大屋子」などと称する。この下にはさらに間切掟《まぎりうっち》という三人の地方役人、文子《てこぐ》や目差《めざし》などの末端役人が各シマに配置された。彼ら地方官人は「おゑか人」と総称される。さらに各シマにはノロ（神女）がいて、シマの御嶽《うたき》（聖地）を中心に祭祀を執り行い、国家安寧や五穀豊穣、航海安全を祈願した。首里の王府は「おゑか人」やノロを全て国王の辞令詔書《じれいしょうしょ》（御朱印《ごしゅいん》）によって任命し、官人の所得となる農地（里主所《さとぬしどころ》やおゑか地、のろくもい地など）を配分した。こうした王国域内の情報は首里の王府のもとに一括管理されており、わずかな土地所有の名義変更も把握されていた。土地は基本的に琉球国王のものなのである。

時代は少し下るが、かつて琉球王府の評定所《ひょうじょうしょ》（国政の最高機関）が管理していた行政記録の目録「旧琉球藩評定所書類目録」には「間切々々《まぎりまぎり》の里主所のかりや高《だか》の御《おん》さうし」（一六二三年）という文書が見えるが、これが王国域内の農地の所有・面積情報を管理する記録の一種であったと考えられ、古琉球にはこうした文書が膨大にストックされていたとみられる。地方の役人たちは王府の許可なしに所領地をわずかでも勝手に改変することは許されなかったのである。

地方官人やノロは任命のたびに首里へ出向き、辞令詔書を受け取っていたようだ。その一部が現在でも奄美から先島まで残るが、末端の官人にまで発給する辞令詔書の数は総計で数万点にものぼったと推定されている。沖縄島でも首里から遠距離の地域や、各島嶼からは船によって那覇に向かい、そこから首里城へと上った。

各島嶼の人々は沖縄島の土木事業にもしばしば動員されていた。例えば一五四六年（嘉靖二十五）に首里城南東側の外郭城壁を増築した際には、沖縄島だけではなく奄美や宮古・八重山からも人夫が徴発され労働に従事している（「添継御門《すえつぎうじょう》の南のひのもん」）。当然、こうした多数の人員が首里へ行くためには各島嶼間と沖縄島で恒常的な往来があることを前提としてなくてはならない。

「点」を「線」にする海上交通

王国各地域の島嶼から首里にもたらされるのはヒトや情報だけではない。各シマで収穫される米や麦などの穀物は「カナイ」「ミカナイ」という年貢として首里に貢納された。官人たちに給付されていた所領地にもこうした税は賦課されていた。また穀物以外のさまざまな山海の産物も「ササゲ」「ミササゲ」として献上された。貢納物が各島嶼から全て船で運搬されたのはいうまでもない。

琉球ではこれらのヒト・モノの輸送に公用船が使用された。近世で「地船《じぶね》」と呼ばれる間切・村に所属する船で、租税の運搬や役人の出張、業務連絡などに活躍した船である。

古琉球末期の一六〇五年（万暦三十三）に著された袋中《たいちゅう》『琉球往来』には、「諸島斂《しょとうおさめ》の帳」として宮古船一八隻、八重山船一〇隻、久米島船九隻、喜界島船五隻、奄美大島船二〇隻が貢納物を積載したことが記されているが、各島嶼はそれぞれ異なる産物の貢納が定められていたようだ。

たとえば宮古は上布《じょうふ》・下布《かふ》や苧麻《ちょま》、八重山は麦、久米島は綿、粟や黍《きび》、喜界島は稗《ひえ》、蕎麦《そば》、奄美大島は御殿新造の木材といった具合である。

つまり王国域内の各島嶼は船による海上交通網によって那覇、そして首里につながっており、活発なヒト・モノ・情報の交流があったということである。そのコントロールの中枢は首里城の王府であり、船が集まるその先は那覇・泊であった。

泊には奄美方面からの船を受け入れ、年貢を納入する大島蔵とそれらを管轄する泊《とまり》御殿《うどぅん》があった。また那覇港の渡地村《わたんじむら》には宮古・八重山からの貢納物を納める宮古蔵があった。宮古蔵はまた宮古から渡航してきた役人たちの宿泊所にもなったという。

こうした那覇・泊を中核とした域内ネットワークは、奄美方面についてはすでに十五世紀中頃には確立していたことが「琉球国図」からわかるが、先島方面についても、一四七七年（成化十三）に朝鮮から与那国島に漂着した金非衣《キムピイ》の見聞録によってその存在が明らかである。

金非衣らは漂流しているところを与那国島の漁船に救助され、そこから西表島、波照間島、新城島《あらぐすくじま》（パナリ島）、黒島、多良間島《たらまじま》、伊良部島《いらぶじま》、宮古島と次々にリレーされ、琉球国すなわち沖縄島へと送還された（『朝鮮成宗実録』）。宮古・八重山が琉球王府の完全な支配下に入るのは一五〇〇年以降のことで、この時期は首里の王府を上位とするゆるやかな貢納関係であったようだが、すでに一五世紀の段階で各島が連携する域内ネットワークが構築されていたのである。

琉球王国は広大な海域に点在する島嶼という「点」を、船による海上交通網という「線」で掌握することで成り立っていた国家であった。それが海域アジアの交易国家という「顔」とは別の、もう一つの姿である。

南西諸島は国境を越えた民間の海上勢力が活動する海域であると同時に、琉球王国の統治領域である島嶼間に張り巡らされた海上ネットワークが重層的に存在していたのである。そして、「外」と「内」双方のネットワークの中核は那覇の港湾都市であった。

山北監守と運天港

那覇と並ぶ港湾機能を有する今帰仁の運天港の付近には、北部最大の今帰仁グスクが立地していた。今帰仁グスクは山北王の居城であったが、十五世紀初頭の滅亡後は王族による山北《さんほく》監守《かんしゅ》（今帰仁按司）が置かれ、十六世紀以降になると王府は各地の按司を首里に集住させる一方、王族の尚韶威《しょうしょうい》一門による世襲の山北監守が沖縄島北部の政治・軍事・宗教を統括する制度が定められた。

今帰仁グスクには山北監守の家政機関が設置され、首里の王府からある程度独立した権限を持っていた。祭祀は「阿応理屋恵按司《あおりやえあじ》」という高級神女が担当した。だが一六〇九年（万暦三十七）に大きな転機を迎える。薩摩島津軍が侵攻し、今帰仁グスクとその周辺の村を焼き払い、

今帰仁グスク　撮影：著者

第五代監守の今帰仁按司朝容《ちょうよう》（向克祉《しょうこくし》）も死亡したのである。その後、山北監守の政治的地位は低下し、監守制度は一六六五年（康熙四）に監守一族の首里移住で廃止された。

すなわち古琉球期の沖縄島は、首里を拠点に中南部を統括する琉球国王と、今帰仁を拠点に北部を統括する山北監守の領域に二大区分されており、今帰仁は首里に次ぐ政治拠点機能を有していたのである。

第二尚氏王朝における山北監守設置の理由として、近世史書の『球陽』は「山北の地、嶮岨《けんそ》に係《かか》り、人亦《また》驍健《ぎょうけん》なり。城の鞏固《きょうこ》なるを恃《たの》みて、復《ま》た変乱を生ずること有るを恐れ」と、山北攻略後の治安維持のためだったとする。だが山北王の滅亡から一〇〇年余り経過したなかで遺臣による反乱は考えにくい。

そこで港湾拠点の視点からみると、那覇に次ぐ港湾である運天港との関連をもう一つの要因として想定できる。一六〇六年（万暦三十四）の冊封使渡来にともない、倭船が来航するとの情報に接した王府は、一〇〇〇名の兵を防備のため今帰仁方面に派遣したが（夏子陽《かしよう》『使琉球録』）、それは倭船が経由する場所であったためという。

運天港は近世期において今帰仁間切の番所が置かれた行政の中心であり、薩摩藩への年貢（仕上世《しのぼせ》）の積み出し港として使用されていた。行政の中枢と港湾拠点が密接に関わっていた点を考慮すれば、港湾拠点・運天の押さえとしての役割を、今帰仁グスクの山北監守が果たしていた可能性を挙げることができる。

古琉球の二大政治拠点がいずれも那覇・運天の二大港湾拠点の近くに定められたのは偶然ではないだろう。港湾拠点と政治拠点をみると、ある相関関係が浮かび上がってくるのである。

2　各地の按司たち

勝連の阿麻和利

首里を中心とした琉球王国が強力な中央集権体制を確立する十六世紀以前、各地の按司たちは海域世界とどのように関わっていたのであろうか。

十五世紀初頭に三山を併呑した中山王の尚巴志《しょうはし》だったが、各地の按司は依然としてグスクを拠点に割拠しており、なお自らの軍事力を保持していた。第一尚氏王朝の実態は、三つの按司連合政権（三山）を一つに束ねた程度のものだったのである。王朝の創設者の尚巴志や王相の懐機ら「カリスマ」がいなくなると、王朝の屋台骨はぐらつき始める。

一四五三年（景泰四）には王位継承争いの志魯《しろ》・布里《ふり》の乱、一四五八年（天順二）には有力按司の阿麻和利《あまわり》による王位奪取の争い（護佐丸・阿麻和利の乱）が立て続けに起こり、やがて一四七〇年（成化六）には家臣金丸《かねまる》のクーデター、第二尚氏王朝の樹立により政権は崩壊する。

こうした政治情勢の推移と海域世界の動向は少なからず連動していたと考えられる。古琉球における按司たちの実像はさほど明らかになっていないが、そのなかで「顔」の見える数少ない一人が勝連の阿麻和利である。彼は王府編集の近世史書や伝承、また伊波普猷《いはふゆう》をはじめとした勝連オモロ（神歌）の研究などからその実態が探られてきた。

阿麻和利は十五世紀中頃の有力按司で第一尚氏第六代の王、尚泰久《しょうたいきゅう》の娘婿として知られており、一四五八年の阿麻和利・護佐丸の乱で首里王府に反旗を翻したため滅ぼされた。当時、勝連が首里の王府に戦いを挑むほどの力を有していたのである。

その居城であった勝連グスクは沖縄島中部東海岸の勝連半島に位置し、眼下には中城湾が広がる。勝連は『おもろさうし』でも「かつれんわ、なおにぎや、たとゑる／やまとの、かまく

勝連グスク　撮影：著者

らに、たとゑる（勝連は何にぎや例える、大和の鎌倉に例える）」とその繁栄ぶりを日本の鎌倉に例えて謡われている。

有力按司だったという漠然としたイメージがこうしたオモロから描かれてきたが、具体的に他の按司と何が違ったのか。考古学調査の成果をみると、こうした状況を反映するような様々な出土遺物が確認されている。

勝連グスクは首里城・浦添グスクの中山王権の拠点以外では唯一、瓦葺き建物を持つ異例のグスクであった。特に大和系瓦が多く出土しているが、先述のように瓦は海上交通により沖縄島北部の宇《う》茂《む》佐《さ》付近から運搬されたと考えられることから、山北から勝連までの域内ルートが確立されていたことになる。

また鉄鏃《てつぞく》（矢じり）も浦添グスク、今帰仁グスクと並び他のグスクを凌駕《りょうが》する量が出土しており、出土の中国陶磁器は十四～十五世紀前半頃の竜泉窯青磁《りゅうせんようせいじ》を中心に多数にのぼり、元青花《げんせいか》も多数出土している。出土遺物からみて、勝連は他の按司を圧倒する力を保持し、三山の王に次ぐような勢力であったといえる。近年では日本国内では初の事例となる、古代ローマコインも発見されている。

こうした阿麻和利の力の源泉とはいったい何だったのか。勝連は中部東海岸の小さな半島であり、土地の生産力も高いとはいえない。支配領域としての陸上面積も非常に限られている。にもかかわらず大きな勢力となった背景には勝連グスク眼下の中城湾があったと考えられる。十五世紀中頃の様相を描く「琉球国図」には運天港、那覇港、瀬底《せそこ》浦と並び中城湾に「浦」の記載があり、古琉球期の沖縄島で数少ない港湾の一つであった。外来物資は全て船によってもたらされる。その玄関口である港湾の存在が、勝連の繁栄の決定的な要因となったのではないか。

『おもろさうし』には勝連・中城湾と奄美大島・喜界島方面との通交を謡ったオモロがあり、両者に通交圏が存在したようである。そして一四一八年（永楽十六）には朝鮮へ「琉球国中山王二男、賀通連寓鎮《かつれんぐうちん》」が遣使し、東南アジア産の蘇木、中国産の絹織物や陶磁器などを献上している。

「賀通連」の正体については確定していないが、「寓鎮」は按司を意味するとみられる。当時の東アジアの公的な通交は国王間による外交であり、国王以外の者が公的通交を行うには「国王」との関係を強調する必要があった。琉球の通交使節は、公的通交に必要な肩書きを詐称しても名前自体を偽る例はまずなく（たとえば思紹《ししょう》が武寧《ぶねい》を「父」と詐称した例など）、「賀通連」は勝連按司その人と考えるのが自然である。そうであれば、三山以外で勝連だけが単独で貿易船を派遣し、外交を行う能力を有していたことになる。

なお阿麻和利以前の勝連按司は茂知附《もちづき》按司と呼ばれており、「茂知附」は「望月」で大和系の倭寇であったとの説があるが、これは疑問である。琉球には高級神女に「望月」という名の神女がおり、単に美称である可能性も捨てきれない。少なくとも琉球では「望月」という名称は特殊なものではなかった。勝連と海域を往来する海上勢力との関係そのものを否定するものではないが、単なる文字上の一致のみで安易に結論付けることには慎重でなければならない。

ほかの一按司では持ち得ない交易力を勝連が持っていたことは確かだが、「琉球国図」の中城湾の記載には単に「浦」とだけあるように、恒常的に大型船が利用できる那覇や運天より格下の規模の港湾だったことが読み取れる。実際、勝連は三山に匹敵するような力は持つ段階にはいたらなかった。

勝連独自とみられる公的貿易は確認できる限りただの一度であり、たとえ喜界島をはじめとした奄美地域との通交があったとはいえ、明朝下賜の超大型船をもって年に数回もの朝貢貿易を恒常的に継続できる三山とは比べるべくもない。三山の朝貢貿易と、勝連と奄美の南西諸島内の地域間交易とはその規模において段違いの格差があることに注意しなければならない。

何より勝連は三山と違い、明朝より「王」名義で通交を許可されておらず、また大型海船も下賜されず、保有もしていなかったとみられる。勝連はやはり近世期の史書にもあるように、あくまでも中山に従属する存在であり、その力には限界があった。

中城湾は那覇のような外来勢力の居留地や按司運営の交易施設は確認されておらず、これまで述べてきたように大型船の収容規模も那覇や運天より劣っており、域内船ならともかく、外洋航海の大型船はかろうじて寄港できる程度のものと推定される。

つまり那覇のような規模での港湾都市には発展しなかったということであり、この点も勝連の按司が「王」になりえなかった理由の一つになろう。いずれにせよ、陸上だけでみれば小さな半島のみを領域としていた勝連が、他の按司を凌駕する勢力まで成長したのは、海域世界とのつながりが少なからず左右したことは疑いがない。

奄美と「護佐丸」伝承

護佐丸・阿麻和利の乱のもう一方の主役は中城按司の護佐丸である。護佐丸は読谷山《よみたんざん》間切の山田按司のもとに生まれ、尚巴志の統一事業に協力した武将である。

一四一〇年（永楽八）頃、尚巴志の命により読谷山の座喜味《ざきみ》グスクを築いて山北への防備を担い、中山軍の今帰仁グスク攻略に参加し功績を挙げた忠臣であった。やがて阿麻和利の牽制《けんせい》のため中城グスクへ移るも、阿麻和利の謀略により謀反の疑いをかけられ、征討の命を受けた阿麻和利により滅ぼされたと近世史書は記す。しかし、落城の際には護佐丸の三男・盛親《せいしん》が乳母とともに落ち延び、第二尚氏王朝下で一族を再興し、「毛《もう》」姓を名乗って三司官を輩出する名家となった。

阿麻和利のライバルともいえる護佐丸もまた、具体的な「顔」と個性の見える按司だが、この人物についても歴史研究として正面から扱ったものは少なく、主に近世史書や伝承に依拠して語られてきた。そのベールを取って実像を明らかにしていく必要がある。

伝承のなかでも知られるのが、護佐丸は奄美を勢力下に置いていたとする話である。奄美地域の与論島では、古くより泣く子に「護佐丸が来るぞ」と脅すという。鎌倉時代にモンゴル軍の襲撃を受けた壱岐《いき》・対馬《つしま》では、泣く子への脅し文句に「ムクリ・コクリ（モンゴル・高麗）が来るぞ」と言うようだが、護佐丸が泣く子も黙る存在として奄美でとらえられていた、つまり護佐丸が奄美に影響力を持っていた証拠とされる。

伊波普猷は「あまみや考」のなかで『おもろさうし』を分析し、中城と奄美との通交を謡ったオモロが存在することから、護佐丸・阿麻和利の乱の背景に勝連・中城両按司の奄美における貿易利権が絡んでいたと推測した。

『おもろさうし』では「なかぐすく、ねくに／ねくに、あつる、はやぶさ／とく、大みや／かけて、ひきよせれ（中城、根国／根国、在つる、隼／徳、大みや／掛けて、引き寄せれ）」と徳之島や奄美大島から中城へと船（隼）を引き寄せていくと謡ったオモロが存在しており、奄美と護佐丸が何らかの関係を持っていた証拠とされている。

だが注意すべき点は「中城」を謡ったオモロはあっても、「護佐丸」を謡ったものは一首も存在しないという事実である。『おもろさうし』に謡われた「中城」が護佐丸の時代を指しているのか、それとも先代の先中城《さきなかぐすく》按司の時代を指しているのか即断できない。

さらに護佐丸は座喜味グスク築造の際、遠く奄美から人夫を調達したと伝えられている。この説話の大本は十八世紀頃、子孫の毛氏により編集された『異本毛氏由来記《いほんもうじゆらいき》』にある。そこには「此の城は国中并《なら》びに鬼界《きかい》・大島など寄夫《よせぶ》にて作り立て」と記されている。つまり根拠となった文は、座喜味グスクが《琉球全土》から徴発された人夫によって築城されたという意味であり、奄美との特定の関係を直接示す意味にはならない。

そもそも座喜味グスクは中山王権の意図、いわば「国策」によって築かれたものである。尚巴志の強い関与のもと、当時勢力下にあった琉球各地より人夫を徴発したと解釈したほうが自然であり、護佐丸の個人的な関係により奄美から人夫を集めたと結論付けるのはひとまず留保すべきである。

なお座喜味グスクの構造からは、防御性が突出した軍事要塞としての性格がきわめて強く、他のグスクに見られる祭祀や儀礼空間としての性格が希薄な特異なグスクであることが城郭研究などで指摘されている。これらも対山北防御の中山王権のプロジェクトとして築かれたことを傍証する。

護佐丸一族が広めた神話

では護佐丸と奄美をつなげる最も古くて確実な根拠は何か。実は護佐丸子孫の支流家（毛姓上里家）が第二尚氏王朝下で代々奄美を統括する「奥渡《おくと》より上《かみ》のサバクリ」に就任していた事実がある。すなわち琉球王国の奄美支配とは、実質的には護佐丸一族による統治だったといえるのである。

なお毛姓上里家は奄美のみならず、八重山間切大掟《やえやまぎりおおおきて》・宮古間切大掟など先島統治の役職も歴任していた。さらに彼ら一族は港湾都市・那覇を統括する那覇里主や御物城《おものぐすく》（御物城大屋子《おおやこ》）にも就任している。

奄美と宮古・八重山統治の総督、そして那覇を押さえる要職をローテーションで就任していた事実は、つまり琉球の地域支配の中核たる港湾拠点の那覇と、そこから伸びる南北の域内ネットワークを毛氏一族が掌握していたということを意味する。この就任は奄美に限定されておらず、毛氏一族による奄美統治は、始祖護佐丸との関係に直接由来すると必ずしも言いきれない。

いずれにせよ、奄美に残る護佐丸伝承は、奄美統治を担当することになった毛氏一族が、支配の正統性を喧伝するために始祖護佐丸の神話（あるいは護佐丸が奄美と関係があった事実をもとにして）を奄美各地に広め、一族の支配を不動のものにしようとした、つまり伝承は第二尚氏の統治下で確立された可能性も考えるべきではないか。

以上はあくまでも可能性として考えうる推論の一つであり、真相はなお不明である。今後は従来の伝承に無批判に依拠するのではなく、同時代記録をふくめた諸史料を丹念に再検討し、護佐丸像を描いていく作業が求められている。

確かなことは、十六世紀の王国の島嶼支配がそのネットワークの要衝である那覇行政とそこから伸びる奄美・先島統治の役職と不可分に結びついていたこと、そしてその役職に特定の一族（護佐丸一族）が少なからず関わっていたことである。なぜ毛氏がこうした要職に就くことになったのか、それが護佐丸時代の奄美との通交関係に由来するのかは定かではない。

なお先述の『異本毛氏由来記』には、山田グスク下にある護佐丸父祖の墓が一七一四年（康熙五十三）改修された際、「巴之御紋《ともえのごもん》」入りの木棺と「久良波《くらは》のろくも」と銘書の木棺二基が確認されたことを記す。今帰仁の百按司墓《ももじゃなばか》の木棺と同じく王家の紋章であるはずの巴紋が入った山田按司の木棺は何を意味するのか。また由来記には護佐丸の名を「神名」（死後に付ける諱か）であるとする。古琉球の慣例では彼の童名「真牛《もうし》」で呼称するのが一般的なはずであり、オモロで護佐丸の名が登場しないことと関係するのか。解明すべき課題は多い。

3　王国内の「世界観」

古琉球という「小中華」

南西諸島を版図とする琉球王国は、明朝に対しては冊封・朝貢関係を結び、また日本の室町幕府に対しても琉日両者合意のうえで室町将軍を上位とする関係を築いていた。朝鮮王朝にも当初は「臣」として朝貢的な関係であったことは先述した通りである。相手側の設定する外交秩序や世界観に合わせて通交を行ったのが琉球のやり方だったが、王国内においてはまったく別の世界観を持っていた。首里の琉球国王を中心とした君臣秩序である。

古琉球では沖縄島のことを「かみしも（上下）」、周辺離島を「ちはなれ（地離れ）」とし、琉球国王の統治する空間を「おきなわ（沖縄）の天が下《てんがした》」あるいは「世《よ》」と称していた。この空間においては国王の存在は「世の主」、すなわち中華世界における皇帝のような絶対的な存在であった。

王権の力の源泉は、対外的には明朝皇帝より承認される冊封関係にあったが、これにくわえて土着の王権観念が王の地位をオーソライズしていた。それが琉球世界における「天」を出自とした観念である。「世の主」は天上の神々の末裔、あるいは太陽の子孫であり、「そんとん（舜天）」から代々天より神号を授かり琉球世界（世）を治める存在として認識されていた。舜天・英祖・察度王統の拠点である浦添からは「大天」「天」とスタンプされた高麗系瓦が出土しており、王権の出自を天に求める思想は古くにさかのぼるとみられている。

なお後世には最初の王・舜天の出自が源《みなもとの》為朝《ためとも》にあるとする伝承が登場するが、これらは古琉球の同時代に王権内部で受容されておらず、古琉球にも日本禅僧の一部でこうした為朝伝説が唱えられたが、普及するに至っていない。それが明確に打ち出されたのは島津軍の琉球征服時に島津氏の外交ブレーン・南浦文之《なんぽぶんし》が作成した「琉球を討つ詩并《なら》びに序《じょ》」においてであり、琉球攻略を正当化する文脈の中で使用されたものであった。

やがてこの為朝伝説は薩摩支配下の一六五〇年（順治七）に著された『中山世鑑』で正史のなかに採用されていくのである。

先述のように、興味深いのは古琉球において血筋の異なる王統が何度も交代しているにもかかわらず、各王は全て「そんとん」を初代とし、代々その地位を継承していることである。例えば第二尚氏王朝第四代の尚清《しょうせい》王は、同時代では「そんとんより二十一代の王」を称していた。血筋に関係なく「世の主」、すなわち琉球世界を統治する資格者が代々その地位を継承していくという観念が少なくとも十六世紀前半には確立していたようである。

古琉球における空間の観念は首里を中心に北方が「上」、南方が「下」であり、沖縄島北端を「国の上《かみ》」つまり「国頭」や「奥渡」、南端を「下」や「島尻《しまじり》」、「下島尻《しもしまじり》」などと呼んでいた。沖縄島のさらに北に位置する奄美地域は「奥渡より上」つまり沖縄島北端より上、と総称した。対して先島地域は「宮古・八重山」と地名で呼称していた。あるいは「太平山《たいへいざん》」とも呼ぶ場合もある。

後代に編集された史書になるが、『中山世鑑』では奄美大島を「北夷《ほくい》大島」と記しており、また近世期の史料では先島を「遠海辺土《えんかいへんど》」、また「辺夷《へんい》」と捉えている。十五世紀に鋳造された多数の梵鐘には「君臣道合《くんしんどうごう》、蛮夷侵《ばんいおか》さず」とあり、王国版図において琉球型の華夷秩序が存在していたことがうかがえる。

こうした華夷秩序は当然、琉球王国以外の諸外国では通用しない観念である。第三章でも述べたように、前近代の東アジアの国際関係は、現代のように全世界を覆う単一のシステムが大前提として必ずしも共有されていたわけではない。圧倒的な中国の設定する秩序とともに、諸地域独自の外交秩序や世界観が重層的に並存している世界だった。中国や日本との関係をそれぞれ受け入れながら、琉球自らを中心とした世界秩序を持つことに何の矛盾もなかったのである。

琉球に臣従する諸勢力

ところが、この「琉球型華夷秩序」ともいえる秩序は、上位の存在であるはずの日本にまで及んでいた。驚くべきことに、十六世紀初頭の琉球は王国域内だけでなく、日本との境界に当たるトカラ列島や大隅《おおすみ》諸島、さらには南九州の諸地域をも自らを中心とする外交秩序の中に取り込もうとしていた（村井章介「古琉球をめぐる冊封関係と海域交流」）。

琉球と日本との境界に当たるトカラ列島は、海上勢力である七島衆《しちとうしゅう》らの拠点であったが、琉球王国は七島を自らに従属する存在ととらえていた。

また種子島の領主・種子島氏も琉球を上位とする君臣関係を受け入れていた。一五二一年（正徳十六）、琉球の三司官は種子島の以前よりの「忠節」があることを喜び、この年より貿易船一隻を派遣する権利を認めた。琉球は種子島を島津氏の勢力下としては認めず、単独で種子島を「国」として扱っている。

こうした関係は南九州の各勢力とも結ばれていたようだ。肥後の相良《さがら》氏も一五四二年（嘉靖二十一）、琉球円覚寺の住持を介するかたちで王府より「国料《こくりょう》の商船」の派遣を認められたが、これは相良氏が琉球へ臣従することで認められた公認貿易船だったとみられる。

島津氏庶家で日向《ひゅうが》の飫肥《おび》を拠点としていた島津豊州《ほうしゅう》家の島津忠朝《ただとも》は、一五二八年（享禄元）に琉球天界寺を仲介に琉球に外交関係の修復を依頼したが（『旧記雑録』）、その文書の中では先代の尚真王を「前皇」、琉球よりの書を「詔書」、「勅答」と表現しており、忠朝は自らを琉球国王の下位に位置づけていたことが明らかである。

琉球を上位、南九州の各勢力を下位とする一種の君臣関係が両者合意のもとで築かれていたのである。日向の伊東氏領国からも商船が派遣されたが、これも同様に琉球の外交秩序の中で行われた貿易であったと考えられる。

臣従した諸勢力の目的は貿易船派遣の権益が第一であり、その目的を達成するための手段として「琉球型華夷秩序」への参入がはかられた。こうした関係は琉球だけにとどまらず、当時の東アジアに一般的に見られたものである。

十五〜十六世紀には朝鮮王朝へ西日本の各勢力が朝鮮に臣従の姿勢を示すことで貿易船（歳《さい》遣船《けんせん》）の派遣を認められていたし、室町時代の日本の遣明船も名目上は明朝への朝貢船であり、室町将軍（室町殿）は皇帝より「日本国王」として封じられた君臣関係を（一時的にせよ）受け入れていたが、その真の目的は貿易である。先述した室町幕府と琉球王府との上下関係も同様である。

琉球に低姿勢の島津氏

十六世紀前半頃の南九州は島津本宗家の力が衰え、領国内外で対抗する各勢力が独自に琉球との通交関係を築きつつあった。そこで一五〇八年（永正五）、家督を継承してまもない本宗家（奥州家）の島津忠治《ただはる》は尚真王に対し、渡航商船が島津氏の発給する印判状《いんぱんじょう》（渡航許可証）の所持を点検し、無い場合は積荷を没収してかまわない、と島津奥州家を通じてのみ琉球貿易が行える制度を琉球に提案している（『旧記雑録』）。

この印判制はかつての幕府管領・細川氏による制度をヒントにしたようだが、朝鮮通交で使用された「図書《としょ》」という渡航許可証を模倣したものではないかとの指摘もある。島津氏（奥州家）による琉球渡航の独占化で、対抗勢力が独自に琉球貿易を行えない状況を作れば、自らの求心力を高め領国支配を行うことができる。

要請の文書の中で忠治は琉球に対しきわめて低姿勢であり、さらに同日付けの別文書（『旧記雑録』）では美辞麗句で琉球を称え、「琉球国王」や「中山王」の文言を中国皇帝と同じように一段高く書き（一字擡頭《たいとう》）、首里を「京師」、島津氏領国を「下国」と表現し完全に琉球を上位に位置づけている。

島津本宗家が弱体化していたこの当時、琉球では逆に尚真王のもとで中央集権化を達成し、先島や奄美も版図に収め強力な国家体制を築き上げていた。そうした状況で琉球は島津本宗家すらその外交秩序に取り込もうとしていたのである。

これまでは近世の「薩摩＝強大な支配者」という先入観に無意識の内に引きずられてしまい、こうした事実を示す文書が厳密に検証、正当に評価されてこなかったといえる。

ちなみに印判制の試みは琉球側がケース・バイ・ケースで対応したようで、島津本宗家の求心力を高める結果とはならなかった。この関係が逆転し、島津氏が琉球へ圧力を強めるのが十六世紀の後半にさしかかってからである。

4　古琉球の外来宗教

「琉球型」の受容

古琉球の政治体制や歴史展開が海域世界と密接に関わっていたことと、そのなかで琉球がどのような世界秩序を築いていたのかを述べてきたが、ここからは古琉球の外来宗教がどのような特徴を持っていたのかを海域世界との関わりの中から述べていきたい。

これまでの琉球の宗教史研究は一国史的視点のもと、在来のノロ（神女）信仰・仏教・神道・媽祖《まそ》（天妃《てんぴ》）信仰など、主に各宗教分野のプロパーによる専門的な「宗教史」として研究され

戦前の波上宮　　那覇市歴史博物館所蔵

てきたが、琉球における外来宗教は海域世界で活動する人々の招来したものであり、まさに海域史の視点で理解すべき問題といえる。

古琉球に存在した外来宗教の施設は港湾都市の那覇、そして付属都市の首里に集中的に立地していたのが特徴であった（第二章で既述）。宗教は必ずヒトに付随してもたらされるので、海外との交流の最前線であった港湾都市に渡来者の信仰するそれぞれの宗教施設が建てられたことを意味する。

当時の琉球にとって「異国」の信仰である神社は、日本と違い特異な性格を持っていた。まず港湾都市の那覇に集中的に立地すること、熊野信仰が大半を占めることである。那覇に集中するのはそこに多数の信仰者、すなわち日本人たちがいたことを示す。『琉球神道記』（一六〇五年）に挙げられた七社のうち、実に六社が熊野権現である。

なお琉球では明治期に神仏分離がされる以前の権現社として仏教と神道は結び付いており、波上《なみのうえ》権現には護国寺、沖《おきの》権現《ごんげん》には臨海寺と神社には神宮寺がセットになっていた。「権現」とは「仮に現れる」という意味で、本地垂迹《ほんじすいじゃく》説にもとづいて仏が日本の神々の姿になって現れたという中世日本の信仰である。古琉球において神社信仰の伝来と導入は仏教と深く結びついていた。

仏教についても神社と同様の傾向が見られる。寺院が那覇と首里に集中していること、宗派は禅宗と真言宗にほぼ占められること、つまり特定の宗派に偏っていたことである。そして観音信仰がとくに受容されているのも特徴である。

『琉球神道記』には当時存在した琉球の三二の寺院が記載されているが、そのうち観音菩薩を本尊とする寺院が十一カ寺と最も多く、近世になると各地に観音堂が建てられるようになる。古琉球の禅宗寺院は中世日本からの宗教ネットワークに包摂されており、日本仏教の強い影響を受けていた。

中国系の信仰施設も古琉球では那覇にしか見出せないが、これも那覇の浮島に居住する華人たちの手によるものである。特に天妃は航海安全の神として華人のみならず琉球の対外貿易に不可欠の存在となった。なお現在でも沖縄各地に残されている中国伝来の「土地公（トーティークン）」だが、これは近世期の琉球において「中国化」の動きが積極化してから普及したものであり、華人系の信仰は古琉球では那覇の港湾部以外ではまず見られなかった。

以上のように古琉球の外来宗教は地域的な偏りと特定宗派を信仰する偏りが見られ、伝来元のオリジナルとは完全の同一の状態ではない「琉球型」といえる受容をしていたことがわかる。

熊野信仰と在来信仰の共通点

琉球に特有の受容がなされた理由は、琉球在来の宗教観が影響しているとみられる。琉球の在来信仰は女性優位の霊的信仰である「オナリ神信仰」、東方海上に別世界があるとする「ニライカナイ信仰」などに代表される。

権現社が熊野信仰で占められるのは、熊野信仰もまた南方海上に補陀落浄土《ふだらくじょうど》や、熊野が地中世界の黄泉《よみ》の国に通じる他界信仰と琉球の宗教観が共通しているからと考えられている。琉球の権現社の勧請譚《かんじょうたん》では、海岸や洞窟内において石・木・古鏡が光を発して霊威を示し、熊野権現として祀られる場合がほとんどである。古琉球では数少ない非熊野系である安里八幡宮にも海上より流れ来た鐘を入手するという勧請譚があり、熊野信仰の影響を受けていたとみられている。

また『琉球神道記』中の熊野権現六社のうち、沖権現を除く全てに洞窟が備わっていた。例えば識名権現《しきなごんげん》や普天間権現《ふてんまごんげん》の本殿は洞窟内に建てられていた。十六世紀頃に臨済宗の寺院として創建した伊江島の照太寺《しょうたいじ》にも権現堂が併設され、境内には洞窟が存在する。

琉球石灰岩の地である沖縄では鍾乳洞が多く形成される自然環境であり、在来の宗教観に地下世界につながるそれを抽象化した「穴」の観念が存在した。『おもろさうし』では「てだがあな（太陽が穴）」や「まこちあな（真東風穴）」などの言葉が登場するが、これは風の吹く穴の方角、一種の方位を現しているとされる。古琉球人が抱く世界観と共通のイメージが熊野信仰にもあったのだ。

熊野信仰だけではない。仏教における観音信仰、中国の天妃信仰も琉球古来の「オナリ神信仰」に合致する。

観音菩薩は本来、男女どちらでもない中性的存在だが、俗に女性の神と考えられた。天妃も女性の神である。両者は琉球でともに航海信仰の神として崇められたが、琉球在来のノロ（神女）も神々の世界からの霊力（セヂ）を体現する能力を持つと信じられ、神女組織の頂点に立つ王族の聞得大君《きこえおおぎみ》は航海神そのものとしても信仰されていた。聞得大君の祭神は弁財天であり、戦前まで聞得大君御殿《うどぅん》の祭壇には弁財天の描かれた掛け軸が祀られていた。女性の神という共通性が見出せる。

外来者によって海域世界から港湾都市にもたらされた宗教は、外来者の居留地の中で信仰されていたが、やがて港湾都市と付属する王都を中心に琉球の地元民にも広まることとなった。

だがそれらの宗教はそのまま全て受け入れられたのではなく、琉球の人々が持つ世界観や信仰に親和性を持つものだけが選択され、後代に継承されていった。

イスラム教・キリスト教

対照的にまったく痕跡を確認できないのがイスラム教である。琉球が活発に対外交易を展開していた十五〜十六世紀、東南アジア各地ではイスラム化が進み、琉球と密接な交流のあったマラッカ王国では国王がイスラム教に改宗し、国教となっていた。東南アジアを頻繁に訪れる琉球人たちはイスラム教に触れていたはずであり、琉球へも東南アジアの民間船が来航し、那覇には「南蛮国人」が滞在していた。ムスリムが那覇にいたのはまず疑いがない。

さらに中国における琉球の当初の指定入港地は福建省泉州だが、ここは当時アジア有数の国際都市であり、ムスリムが多数滞在していた。泉州には中国最古のモスク（清浄寺）やイスラム教徒の墓などがあり、現在でも末裔であるムスリムが数万人いるという。琉球の人々は中国でもイスラム教に接する機会があった。

ところが不思議なことに、琉球でイスラム教をうかがわせるような痕跡はこれまで確認されていない。イスラム教由来と考えられる文化や風習も見られず、那覇にモスクがあったとの記録や伝承も見出せない。これはアラーのみを信仰する一神教という性格が琉球在来の宗教観と合わなかったからではないだろうか。

東南アジアから影響されたとみられるものをあえて挙げれば、琉球官人が被るハチマチ（八巻）があるだろう。古琉球期は一枚の布をターバン状に巻いたもので（十七世紀に冠状へと変更される）、ベトナム王朝のターバンであるカンドンやカンセプと酷似している。東南アジア地域でみられるターバン文化の北限が琉球とみることもできよう。

キリスト教については十七世紀までには琉球に伝来していたようである。一六二〇年代にはスペイン領フィリピンからドミニコ会の宣教師や日本人キリシタンが布教のために琉球を経由して日本へ潜入しており、スペイン商人も琉球に滞在していた。だが薩摩島津氏に征服されていた琉球は幕藩制国家のキリスト教禁令が適用され、やがて琉球からキリスト教は完全に駆逐されたので、布教の実態はよくわかっていない。ただイスラム教の状況から考えれば、たとえキリスト教が禁止されなくても琉球で広く普及することはなかったと推測する。

近年、那覇港の中枢部に当たる渡地村跡から興味深い遺物が発見された。花弁状の水晶玉で、大友氏の拠点である府内跡から出土したキリシタンの使用した十六世紀後半のコンタツの数珠に類似している。遺物の評価は確定しておらず今後の詳細な分析が必要だが、もしコンタツの一部であったとすれば、琉球における数少ないキリスト教の痕跡ということになる。

融合する各宗教

さて、琉球の在来信仰と外来宗教は、それぞれが「純粋」な状態を保ったまま完全に独立して存在していたのだろうか。例えば日本古代における物部《もののべ》氏（日本の神々）と蘇我《そが》氏（仏教）の戦いのような宗教間の対立は起きなかったのであろうか。実は琉球においてはそうした明確な対立は確認することができない。それどころか各宗教は相互に影響しあい、やがて融合していった。

琉球における外来宗教が展開した中心は那覇である。海域世界から渡来した華人や日本人たちは那覇の浮島内を中心に居住し、そこで外来宗教が信仰されていった。ところが外来の各宗教は浮島内において日本人＝権現信仰、華人＝天妃・道教信仰と厳然と区別されモザイク状に存在したわけではない。

一四五二年（景泰三）、浮島と沖縄本島を連結する海中道路「長虹堤《ちょうこうてい》」が建設された際、工事を主導したのは華人の懐機であった。難工事となったが懐機は神仏に二夜三昼祈ったところ海水が引いて無事石橋を建設でき、完成後に天照大神《あまてらすおおみかみ》を勧請し長寿寺（お伊勢の寺）を建てた。華人が日本の神社を建てたのである。懐機は先述のように一四三六年（正統元）、中国天師道の総本山・龍虎山へ使者を送り帰依しているように、道教の信者でもあった。

中国道教の施設である那覇若狭町の天尊廟《てんそんびょう》は一四五六年（景泰七）に、久米村の天妃宮は

戦前の天尊廟　　那覇市歴史博物館所蔵

一四五七年（天順元）に、仏教寺院に掛けられるべき梵鐘が設置された。この時、天尊廟には住持の良舜《りょうしゅん》なる僧侶がいたことが鐘の銘文に記されている。華人の宗教施設がまるで寺院のような様相を呈していたのである。

普天間権現は熊野信仰の権現社だが、驚くべきことにその霊験譚は中国の天妃信仰の影響を受けていた。「機《き》上救親《じょうきゅうしん》」という説話である。うたたねをする女性が航海に出ている父と兄が遭難する夢を見た。父を助けたが兄を助ける途中に母に起こされた。はたして父と兄の乗る船が遭難した知らせがあり、父は助かり兄は溺死していた、という話である。普天間権現の場合は逆のパターンで兄が助かっているが、明らかに天妃信仰の説話を取り入れている。なお普天間権現には観音菩薩も祀られていたという。

琉球では天妃が「菩薩」や「唐《とう》の菩薩」、また琉球語の敬称で「菩薩加那志《ぶーさーがなし》」と呼ばれ、仏教の観音菩薩とも習合していた。ともに両神は航海神として信仰されており、女性という性格からも親和性が高く、結び付くことになったとみられる。このような事例は琉球だけでなく鹿児島の野間（娘媽《ろうま》）権現や青森大間《おおま》の天妃権現の縁起にも見られ、鹿児島の船津にあった天妃宮は「菩薩堂《ぼさど》」とも呼ばれた。

那覇に居住していた外来者たちはそれぞれの民族や集団が対立していたのではなく、港町の「諸民族雑居」ともいえる状況で自己の文化と他者のそれをとくに区別することなく取り入れていったのである。それは琉球だけに限定されていたのではなく、世界の港町に一般的に見られる現象である。

在来信仰との習合と各地への波及

港湾都市那覇を中核とした外来宗教は、地元の在来信仰にも定着し、取り入れられていった。一四六六年（成化二）、尚徳《しょうとく》王は抵抗を続ける奄美の喜界島に二〇〇〇人の兵を率いて遠征に出発した。首里から那覇へ向かう途中、安里《あさと》（那覇市）にて一矢で鳥を射落とせば喜界島平定、と八幡神に祈願し見事に鳥を射落とした。また遠征の途上、海上に浮かぶ鐘を手に入れた。この時の遠征で喜界島は屈服、琉球王国の支配下に入った。帰国した尚徳王は安里の地に八幡宮を建立し、自身の弓矢・甲冑《かっちゅう》と浮鐘を奉納したという（『琉球国由来記』）。

この時点で琉球には熊野信仰や伊勢《いせ》信仰、仏教や天妃信仰などさまざまな外来宗教がすでに存在していた。尚徳は日本の八幡神を「軍神」として認識していたからこそ、喜界島遠征に際してその霊験を頼ったのである。このエピソードは十五世紀後半の琉球内において外来宗教がすでに信仰され、定着したことを示すものである。

那覇を中心とする権現信仰は、やがて各地に波及したようだ。沖縄諸島と八重山諸島各地にティラ（寺）・グンギン（権現）と呼ばれる小規模の祠《ほこら》があるが、多くが洞窟や祠に海岸より漂着した霊石（ビジュル・賓頭盧《びんずる》）や骨を祀る場所であった。主に霊石の神体はまた「フトゥキ（仏）」とも呼ばれており、ティラ・グンギンの祭祀者は女性のノロではなく男性の「ホーイン」という司祭者であった。これは「法印」が語源となっており、真言宗や修験道と何らかの関わりがあったと考えられる。

ティラは「寺」とは別個の琉球在来の呼称である拝所で、そこに熊野信仰の権現社が習合したとの研究者の意見もあるが、権現信仰の神仏習合形態から考えればティラはやはり「寺」であり、両者は一体のものとしてもたらされたと考えたほうが妥当であろう。

これらは創建年代不明のものがほとんどで、大半は十八世紀頃に普及したとの説もあるが、真壁《まかべ》権現（真壁のティラ）には土佐国安芸郡有井庄《とさのくにあきぐんありいのしょう》の安養寺にあった鰐口《わにぐち》（一四二四年製作）が一五三一年（嘉靖十）にもたらされており、少なくともこの時点までには建立されていたことから、ティラ・グンギンの一部は古琉球期にさかのぼる可能性が高い。

那覇の権現信仰は付属都市の首里に広まり王府官人らを中心に受容され、やがて地方へと伝播していく流れを想定できる。各地のティラ・グンギンは仏教を包摂する権現信仰が、在来の霊石信仰と習合するかたちで「ウタキ（御嶽）化」した姿であったといえるかもしれない。

琉球化した「神・仏」

古琉球の神歌を収録した『おもろさうし』では、オナリ神が蝶やトンボに変身して航海守護を謡うオモロが存在しているが、これも天妃信仰に見られる説話と同じである。またノロによって航海安全を祈願するオモロには「たうのぼうさ、たかべて（唐の菩薩、崇めて）」とあり、琉球在来の司祭者であるはずのノロが中国の神に祈りを捧げている。在来のノロ信仰が天妃信仰の影響を受けていた。オモロ＝太古より連綿と変わらずに続く「古層」の信仰、と単純に言い切れないのである。

『おもろさうし』にはさらに次のようなオモロも存在する。

「ゑんかくじ、げらへて／いのりよれば／てだが、ほこりよわちゑ」
（円覚寺を造って／祈れば／太陽（国王の別称）が誇りたまいて）

浦添城の前の碑　　撮影；筆者

「又なみのうへは、げらへて、げらへて／又はなぐすく、又てらまいり、しよわちへ／又かみも、ほこりよわちへ／又物まいり、しよわちへ／又ごんげんも、ほこりよわちへ」

（波上を造って／花城〔波上の別称〕を造って／物参りしたまいて／寺参りしたまいて／神も誇りたまいて／権現も誇りたまいて）

禅宗寺院の円覚寺や波上権現の造営を土着信仰のノロが祝福する内容である。このなかでは「神」や「権現」といった日本の神々が登場しているものの、これらは純粋な日本の信仰世界ではなく、琉球の土着信仰の中に内在化されてしまった「神」や「仏」である。

さらに「浦添城の前の碑」（一五九七年）にも、

「かミ・ほとけのをれ（降り）めしよわちゑ、まうはらひ（毛祓い）めしよハちやる、ミせゝる（ミセゼル）に」

（神・仏が降りたまいて、毛祓い〔地鎮めの儀式〕したまうミセゼル〔神女の神託〕に）

とあるように、「神・仏」は古琉球の伝統的世界観のなかで天上世界より降臨する存在として捉えられている。この形態は仏教や権現信仰が、日本のそれとは似て非なる独自の「琉球化」を遂げていたと評価できるだろう。

ノロ信仰と仏教の観念

古琉球では仏教がさかんに信仰された。十五世紀初頭にはすでに「十刹《じっさつ》」と呼ばれる官寺が整備されており、十五世紀中頃には朝鮮より大蔵経《だいぞうきょう》を求請し、尚泰久・尚徳王により首里・那覇に仏教寺院が多数建立された。那覇より流入した仏教は王権の支援により王都の首里にも広まり、官人層の間でも信仰されていった。十六世紀には尚真王による中央集権化政策の一環として、円覚寺建立をはじめとした仏教による国家鎮護が図られた。

一五四五年（嘉靖二十四）に琉球を見聞した朝鮮漂着民は「その俗、盛んに僧仏を事《つか》う。私居及び官府は皆仏像を列《なら》ぶ」（『朝鮮明宗実録』）と証言しており、十六世紀中頃には外来宗教の仏教はもはや自国の宗教文化として古琉球社会に根付いたといって間違いない。

古琉球末期に三司官だった名護《なご》親方《うぇーかた》良豊《りょうほう》の墓碑（一六一七年）には「卍　帰空　良弼大禅《りょうひつだいぜん》定門《じょうもん》之石塔」と刻まれており、彼が禅宗の門徒であることがわかる。そのほか「卍」を刻んだ一五七三年（万暦元）の津嘉山森墓《つかざんむい》、一五九七年（万暦二十五）の広徳寺浦添親方塚碑からも、十六〜十七世紀の王府官人の間に仏教的世界観が広まっていたことは明らかである。

王府内において仏僧たちは在来のノロ信仰といかなる関係にあったのか。一五二二年（嘉靖元）の真玉道《まだまみち》・橋竣工の儀礼では、聞得大君や君々らがミセゼル（神託）を唱える「毛祓《もうはら》い」という地鎮めの儀式と同時に、三〇〇人の僧たちによる橋供養が同時に行われていた（「真珠湊碑文」）。ノロ信仰と仏教が共存し、ともに王権を支える役目を果たしていたのである。

両者は対立するのではなく、並存しながら相似する思想や観念を共有していった。例えば前述の碑文では僧たちが天には「三十三天」、地には「十八天」を崇め奉り、橋供養を行ったとあるが、この「三十三天」という帝釈天《たいしゃくてん》をはじめとした三三の神々を表す仏語は、高級神女を総称する「三十三君《さんじゅうさんくん》」という編成の原理に影響を与えたとみられる。つまり琉球のノロ信仰は仏教の観念をも取り込みながら成立・展開していったといえる。

聞得大君の祭神である弁財天《べんざいてん》も、ノロ信仰内部に採用された仏教を示す例として挙げられる。

琉球の弁財天は中世日本の宇賀《うが》弁財天の系譜を連なり、六本の腕で手に太陽と月を持つ「異形」の神であった。太陽と月を持物とするのは本土では例がなく琉球独自の特徴であり、さらに荒神《こうじん》とも習合しており、悪心を持つ者を罰し、霊威によって外敵から国を守護する性格を持っていた。

首里城の東にある弁《べん》ガ嶽《だけ》という御嶽は聞得大君とともに外来の神・仏の降臨する地と考えられ(「かたのはな碑文」)、弁財天とも関わりのある聖地であった。神女組織の頂点である聞得大君と外来神の弁財天が密接に結びついていたことを示している。この弁財天も琉球独自の形態と習合で日本とは異なる受容のしかたであり、「琉球化」を遂げていたといえよう。

5　王府儀礼と外来文化

融合し浸透する外来文化

古琉球において王府内で行われた儀礼も外来宗教と文化の影響を色濃く受けていた。古琉球期の王府儀礼は明朝の朝貢国であることから、正装に明朝より下賜された冠服を使用し、中華式の儀礼を執り行っていた。国王は皮弁冠服《ひべんかんぷく》を着用し、高位の官人もまた明朝の烏紗《うしゃ》帽《ぼう》と常服《じょうふく》に身を包み、儀式に臨んだ。

だがこうした儀礼は中国のそれとまったく同じであったのではない。実は一方で、中世日本の卜占《ぼくせん》や歳徳《としとく》の方角選定法も王府儀礼に深い影響を与えていたことがわかっている。

古琉球期にさかのぼる元日の首里城朝拝《ちょうはい》の規式《きしき》は、一七一九年（康熙五十八）まで中国風の拝礼様式を基本に、土着の王権観念である「天」と太陽信仰が混交しつつ、その年の吉方に向かって拝礼する儀礼が行われていた。これは日本の陰陽道系の歳徳神《としとくじん》（恵方《えほう》）の観念にもとづいた信仰である。儀礼を執り行ううえで不可欠な日撰《ひえらび》も明朝より下賜された大統暦ではなく、日本的な暦注にもとづいていた（豊見山和行『琉球王国の外交と王権』）。

『琉球往来』（一六〇五年）で元日の首里城朝拝の様子を詳しく知ることができる。それによると、朝拝の儀式は明朝式の冠服で正装した国王・諸官一同が揃い、通事（久米村華人）が発声して諸官が整然と跪拝《きはい》の礼を行い、御庭には旗がひるがえり、笙《しょう》・篳篥《ひちりき》を演奏する中華的な拝礼様式ながら、諸山の長老すなわち僧侶たちもまた同席し、国家鎮護を祈願していたことがわかる。

一五四五年（嘉靖二十四）の朝鮮漂着民の証言によると「王、紅錦《こうきん》の衣を具《ぐ》し平天冠《へいてんかん》を戴《たい》し、一僧と対坐して望闕《ぼうけつ》の礼を行う」（『朝鮮明宗実録』）とあり、紫禁城礼拝の儀式において仏僧が中国冠服を着用した国王と対座し、諸臣が御庭に整列して儀式を執行していた。仏教もまた王府儀礼のなかで重要な役割を果たしていたのである。

王城儀礼における仏僧の参加と合わせて注目されるのが、グスクにおいて仏教の寺院建築の要素を採用する動きである。沖縄各地の大型グスクには、十五世紀頃から中核的建物に基壇が設置されていくが、これは琉球における仏教寺院の建立にともない、その建築方式をグスクにも採用したのではないかと推測されている。

それだけではない。一四五七年（天順元）には首里城正殿に雲板《うんばん》（禅宗寺院にあるドラの一種）、尚泰久王の出身である越来《ごえく》グスクに梵鐘が設置され、翌一四五八年には首里城正殿に梵鐘（万国津梁《ばんこくしんりょう》の鐘）が、「旧宮」であった島添大里グスクに雲板が設置されるなど、王権に関わるグスクの殿舎に次々と寺院的施設が建設されている。これは一四五七年に伝来した高麗版大蔵経を記念する国家的モニュメントとして造られた可能性があることはすでに述べたが、王権内部に仏教が深く浸透し、グスク建築にも影響を与えていたことは疑いがない。

なお近世期の首里城正殿では一階部分を「下庫理《しちゃぐい》」、二階部分を「大庫理《うふぐい》」と呼ぶが、これは寺院の「庫裏《くり》」から転じた用語である。この呼称がどれほどさかのぼるのかは不明だが、寺院とグスクが密接な関係にあったことを示している。

ただし、グスク建築は仏教寺院そのものであったわけではない。雲板や梵鐘が設置された十五世紀中頃の首里城正殿は二層三階建て、朱塗りの宮殿建築で、屋根は板葺き屋根で大棟両端の飾りは金属製塗料が塗られていた（あるいは棟瓦を誤認したものか）。正殿の前の空間（御庭）を取り囲むようなかたちで回廊式建物が配置されていたという。

また国王即位の際に行われた、神女や男性神職が首里城御内原《おうちばら》（大奥）や平等所《ひらじょ》（警察裁判所）で諸臣に灰を飲ませる「世誓《よのちかい》」「神水《しんすい》」儀礼もあったが、これは中世日本の「一揆《いっき》」などで行われた一味神水《いちみしんすい》とほぼ同様の儀礼であり、誓約時に灰を飲ませる習慣が十五世紀後半までさかのぼることが明らかにされている。

中世日本から渡来した種々の宗教的慣例が、土着の王権観念や中華式儀礼が融合するかたちで王府中枢において確実に浸透していた事実がみてとれる。

古琉球の文字と文書

外来文化を摂取して独自に「琉球化」してしまう方法は、文字使用と文書形式にもみることができる。古琉球期に国内で主に使用されていた文字は、日本の平仮名であったことは知られている。だが、こうした事実は琉球がいかに日本と同文同種の国であるか、その共通性と同質性を証明することのみに主眼が置かれてきた。

本当に琉球の文字使用のあり方は中世日本と同じなのか。具体的に古琉球の史料を詳しくみてみよう。

古琉球期の一五二三年（嘉靖二）に国王より発給された辞令詔書を写真で挙げた（158頁画像参照）。内容は、中国へ向かう「たから丸」という進貢船のスタッフである官舎《かんしゃ》という役職を、ヒキ

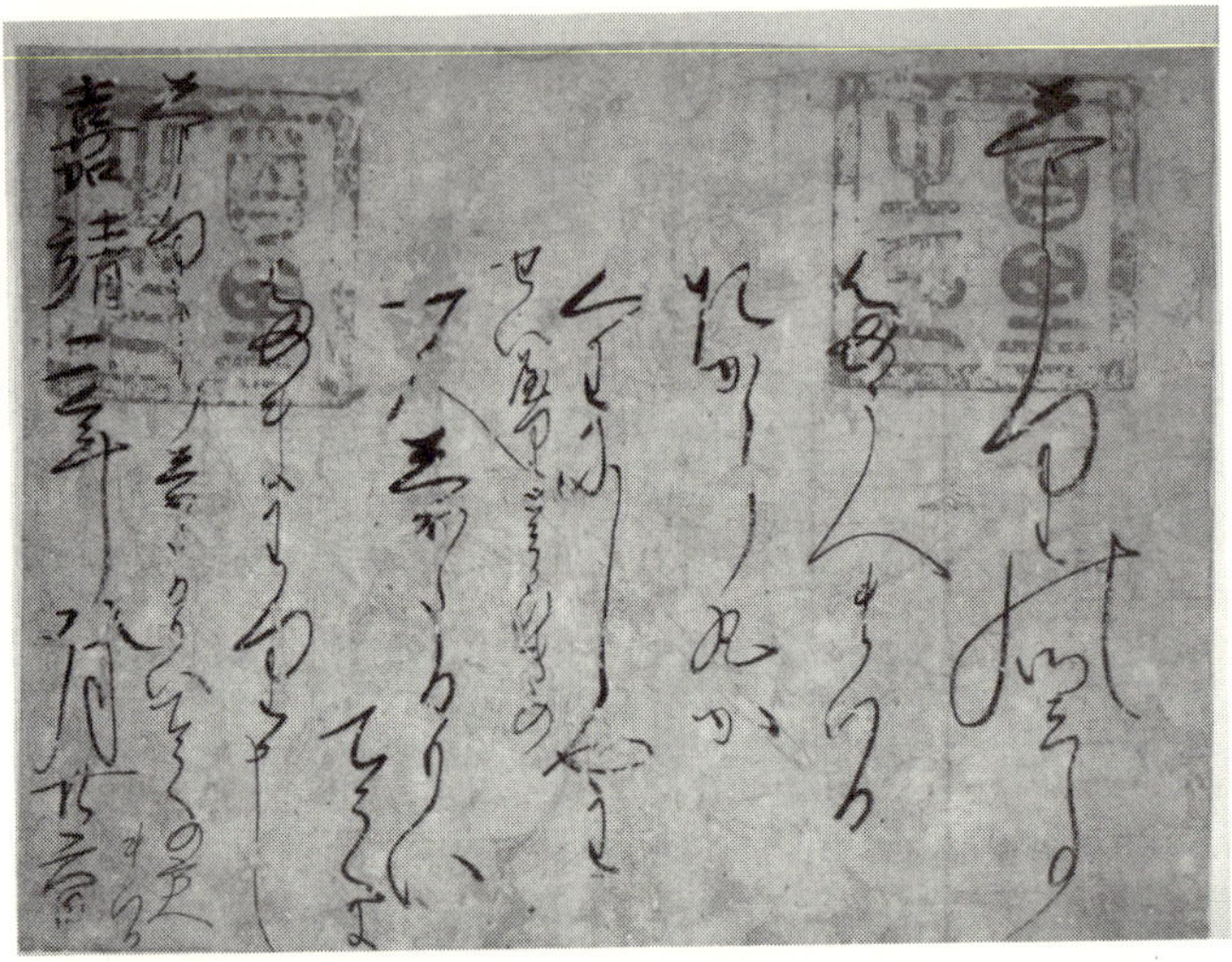

辞令詔書　田名家文書の嘉靖２年の進貢船「たから丸」の官舎職を「しをたるもい」に任命する辞令書　　沖縄県立博物館・美術館所蔵

のチーム「勢遣富《せいやりとみ》ヒキ」に所属する文子《てこぐ》（書記官）の「しおたるもい（塩太郎思い）」に与えるというものである。

　文書を一見すると、漢字交じりの平仮名で書かれており、文体も中世日本で使用されていた候文《そうろうぶん》と同じである。辞令詔書だけでなく、同時期に残された国内の碑文（一五〇一年の「玉御殿《たまうどうん》の碑文」）や文書（一五二一年の「真珠湊《まだまみなと》碑文」など）も同様に平仮名で記載されている。従来はこうした事実を根拠に琉球と日本は「同文同種」であるとされた。確かにそれは誤りではないが、こうした一連の文章の共通部分だけに注目し、その違いは無関心であったためか、重大な相違点を見逃している。

　中世日本では公式の文書として通常、和様漢文を使用し、平仮名を使用しない。ところが琉球では国王や王府の出す国内の公式文書が平仮名であったことは、中世日本では考えられない違いである。

中世日本を通じて幕府や大名が自らの事績を示すために碑文を建立する事例はなく、供養のための板碑しかない。碑文は中国や東南アジアに見られる文化であり、平仮名の碑文は「琉球のもの」としかいえない形式である。

また辞令詔書の年号は「嘉靖二年」と書かれており、日本国内では使用されない中国明朝の年号である。これは琉球が明朝の朝貢国であったことが理由である。この年は日本では「大永三年」だが、古琉球では日本年号を国内では一切使用しておらず、琉球が中世日本の支配外にあったことを明確に示す証拠である。

さらに文書には左右上方に二つの「首里之印」という朱印が押印してある。日本ではこの当時文書の自署として花押《かおう》（サイン）をするか、押印するとしても多くは日付にかけて上方か、花押を書く位置に押した。琉球の押印の方法は中世日本ではまず見られない特異な方式だが、これは国王を示す「しより（首里）」と中国年号の箇所に合わせて押印してあり、琉球にもたらされた明の勅書や朝鮮の書契などの外交文書を参考にした可能性を指摘できる。

似て非なる「琉球のもの」

いずれにせよ日本の印判の文化は中国より伝わったものであり、琉球への伝来は日本経由ではなく中国から直接、印の慣習が入ってきたと考えられる。平仮名とは別起源の要素が同じ文書に混在していたのである。古琉球に使用された印章は「首里之印」と明朝より付与された鍍《と》金銀印《きんぎんいん》のほか、これまで「三司官印」や「那覇」、第一尚氏王朝の「海印」、今帰仁グスクで発見された中国印とみられる方形印・錠《じょう》形印が確認されている。

なお古琉球では国内・外交文書含め花押を書いたものは、日本僧の檀渓全叢《だんけいぜんそう》が肥後相良氏へ送った文書一例を除き、これまで確認されていない。

このように古琉球の文書は日本と中国の文化双方を取り入れ、日本の平仮名をベースにはしているが、日本のものとは似て非なる「琉球のもの」としか言えない形式であった。平仮名を使用しているから琉球は日本と同じと主張するのであれば、中国の文字（漢字）を使用している日本は中国と同じ、という論理とまったく一緒になってしまう。

確かに琉球語は現在の日本語の系統に入り、古琉球で平仮名が採用されたのは、琉球の言葉をもっとも表現するのに適していたからである（現在の「日本語」のカテゴリーでは「沖縄方言」と他の四六都道府県全ての言葉「日本本土方言」に二大区分されるほど大きく隔たった違いがあり、言語区分の方法は政治的な恣意性があることも考慮すべきだが、ここでは深く立ち入らないでおく）。

琉球は日本僧をはじめとした外来者の伝えた日本の文字をほかの外来文化である中国的な要素とミックスしてアレンジし、独自の文化として昇華させたのである。

なお古琉球にも当然、漢文文書は存在した。明朝におくる外交文書がそうであるが、これらの公式文書は非常に複雑・難解で専門知識を持つ久米村華人らが作成を担当していた。また国内における漢文で書かれた碑文も少なからずあるが、それらの文章は芥隠《かいいん》や檀渓など禅僧たちが起草していた。

禅僧は当時の知識階級であり、東アジアでは外交の際に相手と漢詩によるやり取りも求められたので、漢文作成能力に長《た》けていた。琉球ではそうした禅僧たちを活用して国内の漢文作成も担当させていたわけである。

第五章　交易国家・古琉球のたそがれ

海域アジアの交易国家として繁栄した琉球王国だったが、十六世紀に入ると周辺の国際情勢は激変していった。超大国明朝の衰退と日本銀・南米銀の大増産にともなう「倭寇《わこう》的状況」の到来である。

銀の運び手は主に中国南部の沿岸地域を拠点に活動していた民間の海商たち（後期倭寇）であった。

この銀という商品をめぐって、海域世界の圧倒的な民間パワーが原動力となり、かつてない空前の交易ブームが世界規模で始まろうとしていた。それは琉球王国が強みとしていた明朝の朝貢《ちょうこう》体制下でアジア各地の特産物を中継する交易とは異なるものであり、マーケットを奪う強力なライバルの出現でもあった。

1　朝貢貿易の衰退

衰退する中継貿易

中央集権化を達成し琉球王国の版図を最大に広げた尚真《しょうしん》王の時代。古琉球の絶頂期、「黄金時代」とも評価されるが、すでに衰退の影は忍び寄ってきていた。

これまでの通説では、海域アジアにおける国営中継貿易は尚真王の時代に隆盛をきわめたものの、以降、海禁政策の形骸化にともなう中国・日本海商、ポルトガル人ら民間交易活動の活発化（「倭寇的状況」）によって琉球の貿易衰退をもたらした、と考えられてきた。

だが、琉球の朝貢頻度や朝貢船派遣の回数を詳細に分析したデータによると、対明朝貢貿易の最盛期は遅くとも一四五〇年代以前、つまり第一尚氏王朝の時期であり、通説が対明貿易を軸とする中継貿易衰退の直接的な要因にはならないことが明らかにされている（岡本弘道『琉球王国海上交渉史研究』）。

朝貢は一三八三年（洪武十六）から一四三〇年代までほぼ一年に三回の頻度で行われていたが、一四四〇年代には減少に転じ、六〇〜七〇年代にはその傾向が顕著となる。この減少に対し琉球は派遣船数の増加で対応しようとした形跡がうかがえるものの、全体としての衰退をカバーするにはいたらず、八〇年代以後は二年一貢でほぼ安定していく。
尚真王代（一四七七〜一五二六）には、すでに朝貢貿易のピークは過ぎ衰退期に差しかかっていたのだ。朝貢貿易に連動していた他地域との貿易もこの傾向に少なからず左右されたとみられる。

この背景には、明朝がそれまで琉球に行っていた貿易優遇策の後退があった。中国沿岸を襲った倭寇問題が収束すると、明朝は琉球を優遇しておくメリットがなくなっていったのである。一四六〇年代になると朝貢制限が打ち出されていき、さらに一四七四年（成化十）の琉球使節による福州懐安《かいあん》県民の強盗殺害事件を機に琉球の朝貢頻度は二年一貢と制限され、琉球の優位は失われていった。二年一貢は琉球側の懇願により一五〇七年（正徳二）に一年一貢に一時戻されたが、やがて一五二二年（嘉靖元）に再び二年一貢になり、以降は変更されることはなかった。かつての「不時朝貢（無制限の朝貢）」は二年一貢に制限されたうえ、比較的自由だった入貢経路も福州に一元化された。

明朝より無償提供されていた船（字号船）は一四五〇年代には支給は停止され、代わって琉球は福建で従来の二倍大以上の船を購入・建造していく動きがみられる。環シナ海世界では同時期に物流量が拡大したとの指摘もあり、この動向との関連も考えられる。朝貢貿易の減少を中継貿易全体の衰退と判断していいのか再検討を要するが、いずれにせよ一五二〇年代以降、貿易船は中国で小型の民間商船を購入したものや、琉球で造船した小型船に変わっていく。これらは一二〇名前後しか乗船できない小型船である。当然、交易品の積載量も半減する。

さらに琉球の朝貢貿易業務の支援集団として位置付けられていた「閩人三十六姓《びんじんさんじゅうろくせい》」も土着化や人材の老齢化・子孫断絶が進み、居留地の久米村も衰退へ向かった。それまで対外交易を担っていたスタッフたちがいなくなってしまい、十六世紀末期には長距離の外洋航海すら満足に行えない事態となっていく。

こうした貿易の衰退に対して、国内では逆に政治体制の再編・強化の動きを刺激することになった。

「外向き」から「内向き」へ

琉球の対外交易は那覇の外来勢力と不可分に結び付くかたちで展開されていた。朝貢貿易初期、とくに第一尚氏王朝は華人との結び付きが強く、彼らが編成していた中国の「王府制度」を模倣し、そのなかで国政を担当する最高責任者は王相《おうしょう》（国相《こくしょう》）と呼ばれる華人であった。

ところが一四七〇年（成化六）、家臣の金丸《かなまる》によるクーデターで第二尚氏王朝が成立すると、三司官《さんしかん》という三人制の地元官人が最高の国政担当者となっていく。交替で出仕する三司官制度の原型はすでに第一尚氏王朝期にみられるが、明確に登場するのは十六世紀に入ってからである。

近世では国相は王族が就任する摂政《せっせい》の異称であるとされるが、王族の摂政が常設されるのは十七世紀に入ってからであり、華人の就いていた王相は本来、まったく別の役職であったと考えたほうがよい。王相の国内での呼称は「王将軍」であったとみられるのに対し、摂政は「お世《よ》おわつかい（世のお扱い）」と異なる呼称であったこともこれを傍証する。

以上の流れからは、国内政治と外交・交易に強い影響力を持つ華人勢力が、十五世紀中頃以降の貿易衰退によって求心力が衰え、代わって琉球人の主導による政治・交易体制の再編が行われたことが想定できる。

朝貢貿易が決定的な下降局面に入った一四六〇～七年代に成立した第二尚氏王朝も、背景に外来勢力の求心力低下と琉球地元勢力による既得権益の奪取があったのではないだろうか。王となる金丸が「御物城御鎖之側《おものぐすくおさすのそば》」という那覇行政と貿易を掌握する役職に就いていたことも示唆的である。

政権交代とともに推し進められたのは国内統治体制の強化であった。各地の按司《あじ》の首里集住策と王府中央組織「ヒキ」制度の成立、王国域内には「間切《まぎり》・シマ」制度が敷かれ、十六世紀初めには王府軍を派遣して八重山や久米島を征服した。ゆるやかな貢納関係を築いていた各島嶼《とうしょ》を完全に統治下に置き、王府への定期的な租税徴収を義務付けたのである。

琉球は対外貿易を前提とした社会を作り上げていたが、朝貢貿易が衰退する状況で従来のシステムが円滑に機能しなくなった。そこで王府は各島嶼からの貢納制を強化し、より安定した再分配構造を再構築する試みだったのではないかと指摘されている。つまり「外向き」から「内向き」の仕組みへと転換することで王国の求心力を維持しようとする動きとみることができる。

王府軍による一五〇〇年（弘治十三）の八重山征服戦争（アカハチ・ホンガワラの乱）は、沖縄島各地に割拠する按司層を動員して王府中央組織（ヒキ制度）に取り込むためのテコ入れになった可能性もあり、離島への軍事行動が沖縄島における王府の中央集権化を達成する役割を果たしたと考えることもできよう。

2　民間商人による私貿易の隆盛

海域アジアの交易ブーム到来

琉球王国の中央集権体制の確立と王国領域の拡大が達成された頃、海域アジア世界では琉球の衰退を決定付ける、もう一つの新たな動向が生まれていた。銀をめぐる空前の交易ブームの幕開けである。

一五三三年（嘉靖十二）、日本の石見《いわみ》銀山で朝鮮伝来の灰吹法《はいふきほう》という精錬法が博多商人の神谷《かみや》寿禎《じゅてい》によって導入された。その結果、良質の銀が大量に生産され始め、やがて当時の全世界産出量の三分の一に達する膨大なものとなった。この大量の石見銀は民間交易商によってそのほとんどが中国大陸へと向かった。

十六世紀後半には太平洋を越えた南アメリカでも銀山が開発され、新たに登場したスペインなどのヨーロッパ勢力によってアジアへもたらされたが、この銀もまた中国にほぼ全て吸収された。日本銀に加え南アメリカ銀の大量生産が、超大国・中国による銀の「爆食」現象に拍車をかけた。

当時の明朝では経済システムの変化にともなって銀の需要が増大していた。明朝初期に流通していた紙幣（宝鈔《ほうしょう》）は十六世紀にもなると価格が下落し、やがて銀が主要貨幣として使用されていく。

また明朝は戸籍によって人民を掌握し、税として穀物などの現物と労役を直接提供させる制度（里甲制《りこうせい》）を採用していたが、商品流通経済が発達した結果、これらの税を銀に換算して納める税制へと変化しつつあった。

中国国内ではこれらの銀需要を全てまかなうことができず、海外からの輸入に頼らざるをえなかった。このため当時増産が開始されていた日本銀が一気に中国に流入することになったのである。

明の海禁政策と倭寇

十六世紀の銀をめぐる交易ブームの主役となったのが、民間の交易勢力、いわゆる「倭寇」である。この時期の倭寇は十四世紀頃の倭寇と区別され「後期倭寇」と呼ばれる。「倭寇」とは一般的に「日本の賊」を指しているが、その実態は「武装した民間の多国籍商業集団」といったほうがよい。

倭寇は日本人のみならず、中国・朝鮮、またはポルトガル人など、海域世界で生きるさまざまな民族で構成されていた。とくに十六世紀の倭寇は中国出身者がその大半を占めていたとされるが、民族や所属が必ずしも明確ではなく、月代《さかやき》（いわゆるチョンマゲ）を剃った中国人や朝鮮人、あるいはポルトガル人の格好をした日本人までいた。

海域世界に登場する「倭人」は純粋な「日本人」を意味するというより、日本の風俗にならい日本語を話す多様な民族で構成された人々と考えたほうがよい。月代を剃った頭、はだけた上着とハダシ、抜き身の日本刀をかついで和船に乗る倭寇像は、中国側で作り上げられたイメージとしての側面が強い。そうした者も当然いただろうが、海商らは自衛のため武装して交易活動を行っており、海賊なのか一般の商人なのかを区別するのは難しかった。彼ら武装海商は、普段は通常の取引をしていても、ある場合には略奪・暴力行為を働き、海賊に変身することもあった。

当時の明朝は「寸板《すんばん》も海を下《くだ》るを許さず（ほんの一枚の板も海に下ろすことを許さない）」といわれた厳しい海禁政策を実施していた。そうした状況が海域世界における琉球の活躍の場をつくり出すことになったのだが、海禁政策は倭寇などの海賊行為のみならず一般の海上経済活動をも禁止することになり、沿岸部の民間人たちに深刻なダメージを与えた。

当時の流通経済の実情を無視して行われた国家による経済統制は、必然的に海上交易活動で生計を立てている者たちを困窮させ、彼らを非合法の私貿易活動へと駆り立てたのである。

明朝はしばしば私貿易の禁止を通達しており、たとえば一四五二年（景泰三）には福建沿海の民に対して中国産物や輸出禁制品（武器など）を海船に搭載して琉球と通交し、海賊を招きよせることを禁止する法令を発している（『明英宗実録』）。

彼らは海禁以前には「南島路」を往来し那覇港で活動する海商だったにちがいない。それが禁令によって倭寇につながりかねない危険な存在として断罪されたのである。

だがこうした事実は、裏を返せば度重なる禁令にもかかわらず、中国沿岸部で私的な交易活動が恒常的に続いていたことを示している。

一四三〇年（宣徳五）には明軍の海防職にあった楊全《ようぜん》という人物が福建の漳州《しょうしゅう》府《ふ》龍渓県《りゅうけいけん》の

人々の賄賂を受け、琉球との密貿易を黙認していたことが発覚した。また彼は龍渓県一帯を襲った海寇に対しても出撃せず、処罰されている（『明宣宗実録』）。沿海部の人々は時には地方役人の協力も取り付けながら、したたかに権力の規制をかいくぐって私貿易を継続していた。

福建省はその大部分を山地で占められ土地生産性が低く、農業以外の生業、とくに海上交易活動に依存する地域であった。十六世紀に銀という商品が登場すると、この福建と隣の浙江《せっこう》が海外私貿易の一大拠点として発展していく。

嘉靖の大倭寇

十六世紀の浙江省・舟山《しゅうざん》諸島（双嶼《そうしょ》など）では、福建商人がヨーロッパからインド洋を越えて進出してきたポルトガル勢力（彼らは明朝から新種の倭寇とみなされていた）を引き入れて拠点とし、中国人や日本人なども入り交じって大規模に私貿易活動が行われていた。彼らの活動範囲は実に日本から東シナ海、東南アジア海域にわたる。

この時期に台頭してきた人物に「倭寇の大頭目」と呼ばれた中国安徽《あんき》省出身の王直《おうちょく》がいる。彼は単なるゴロツキの「倭寇」という存在ではなく、多くの海上勢力を統率し商取引において優れた調停能力を持つ、海商集団の雄であった。日本の平戸にも拠点を持ち「大明人五峰《ごほう》先生」と呼ばれ、日本の戦国大名とも親交を結んでいた教養人であった。なお彼は一五四三年

（天文十二）の種子島への鉄砲伝来にも関わったとみられている。

舟山諸島と並んで、私貿易の拠点となったのが福建省漳州府の月港《げっこう》であった。月港は漳州府龍渓県に位置し、漳州の外港として国際私貿易の拠点となり繁栄をきわめた。

図13　16世紀の中国江南図

漳州は嘉靖《かせい》年間（一五二二〜一五六六）には人口三〇万を超えて福州や泉州を上回る大都市となり、「小蘇杭《しょうそこう》」と呼ばれるまでに発展した。「蘇杭」とは「蘇州《そしゅう》・杭州《こうしゅう》」のことで当時の中国有数の経済都市である。月港には毎年数百隻の大型船が往来しており、漳州人は東南アジアやマカオのポルトガル船などの商人と取引し、東南アジア・日本産品など海外交易によってもたらされた珍品が数多く流通していたという。

民間商人による私貿易の隆盛に対

し、明朝は海禁政策の厳格な実施を図ろうと強硬策に乗り出す。浙江巡撫《じゅんぶ》（地方長官）となった朱紈《しゅがん》が民間の私貿易を根絶すべく、徹底的な粛正・弾圧を行ったのである。一五五三年（嘉靖三十二）、明の官軍が舟山の拠点・烈港《れっこう》を総攻撃、私貿易勢力はちりぢりとなり、王直はもうひとつの拠点、日本へと撤退した。

だが皮肉なことに、明朝による粛清の結果、打撃を受け無秩序となった民間交易勢力は統制がきかなくなり、この事件を契機として暴徒化した海民集団が中国沿岸の各地でヒト・モノの略奪や破壊を繰り返すこととなった。いわゆる「嘉靖の大倭寇」である。

各地を荒らした倭寇の頭目に徐海《じょかい》、陳東《ちんとう》、葉明《しょうめい》などがいる。彼らは日本各地の賊と連携し、中国沿岸を襲った。

もと杭州の僧だった徐海は日本で「明山和尚」とも呼ばれ、かつて大隅《おおすみ》（鹿児島県）にも滞在していた。烈港から日本に戻った彼は大隅の辛《しん》（新）五郎《ごろう》と結び、一五五六年（嘉靖三十五）に種子島の助才門《すけざえもん》・薩摩の夥長《ほいちょう》掃部《かもん》・和泉《いずみ》の細屋ら五万の賊衆を誘い入れて浙江省を荒し回った。五万はさすがに誇張だと思うが、薩摩・大隅など南九州各地が彼ら倭寇の根拠地として利用されており、多くの人々が国境を越えて倭寇活動に参加していた点は確かであろう。

なお肥後相良《ひごさがら》氏の編年記録『八代日記《やつしろにっき》』には、一五五三・五四年に肥後の八代方面から倭寇船団が中国へ渡航し、略奪行為を行って帰国したこと（「大明国ニ渡《わたり》テ、雑物《ぞうもつ》ヲ追捕《ついぼ》シテ帰朝ス」）が記されている。

舟山諸島の壊滅後、倭寇は福建・広東《カントン》方面へシフトし、漳州月港や泉州沖の浯嶼《ごしょ》、広東潮州《ちょうしゅう》沖の南澳《なんおう》などを拠点としてなおも活動を継続していたが、月港では明朝の官憲による私貿易の弾圧を機に一五六一年（嘉靖四十）、「月港二十四将の乱」と呼ばれる地元沿海民の反乱が起こった。この反乱はやがて鎮圧されるが、原因は倭寇らの海上勢力と漳州地元民のつながりが明の粛清策によって絶たれた反動であった。

「漳州・潮州は海に面した土地で、広東・福建の人は各地の産物をあらかじめ民家に隠しておき、倭人が来たらそれを売る。倭人はただ銀のみを持ってくる」（『籌海図編《ちゅうかいずへん》』）とあるように、漳州をはじめ福建・広東などの沿海地方の人々は倭寇の略奪にさらされながらも、一方では彼らとの交易活動も行っていたのである。

倭寇、琉球へ侵入

中国沿岸を混乱に陥れていた嘉靖の大倭寇に対し、琉球は王国中枢である那覇・首里の防衛体制を整備するとともに、王国の領域内の各所でも警戒を強めていた。

一五四二年（嘉靖二十一）、福建漳州商人の陳貴《ちんき》が那覇に渡航し、広東の潮州府潮陽《ちょうよう》の船と取引をめぐるトラブルで殺傷事件を起こしている（陳貴事件）。

一五五〇年代には「日本賊徒之兵船」の往来による海上の治安悪化から、琉球各地の島嶼・津泊を警固する対策を行っている（「感応寺文書」）。中国沿岸を荒らしていた倭寇らは南九州を根拠地にしている勢力も多く、しばしば琉球海域にまでその手が及んでいたようだ。

一五五六年（嘉靖三十五）、中国沿岸で明の官軍に敗れた倭寇の船が琉球に漂流してきた。先に紹介した徐海の一党とみられる。尚元《しょうげん》王は馬必度《まひと》らの兵を派遣して倭寇船に火を放ち倭寇を殲《せん》滅《めつ》した後、捕らわれていた中国人六名を保護して中国へ送還した（『明世宗実録』『歴代宝案』）。

倭寇は物資だけでなく現地の人間も拉致《らち》し、部下として強制的に倭寇の活動に参加させたり、また「商品」として売却したりしていた。琉球はそうした倭寇に拉致された人々（被虜人）を救出し、たびたび中国へ送還したのである。一五六五年（嘉靖四十四）には「北山の守備」であった鄭都《ていと》が中国の被虜人を保護し、彼らは送還されているが、おそらく沖縄島北部に侵入した倭寇との交戦で奪還したのであろう。

このように琉球は倭寇の脅威に対して防衛策を次々に講じ、大きな被害を出さずに対策は有効に機能していたように見えるが、一連の対策にもかかわらず、倭寇は琉球域内の、それも中枢部の那覇に来航し、琉球側もそれを阻止することはできなかった。

先述した騒乱事件を起こした陳貴らの乗る漳州船を那覇に招いていたのは、実は琉球の長《ちょう》史《し》・蔡廷美《さいていび》であった。琉球は必ずしも明朝の設定した朝貢体制の枠内でのみ交易活動を展開していたわけではなく、海域世界の民間交易ネットワークにも頼っていたことがわかる。とくに漳州は当時民間交易の拠点として台頭しており、琉球側もそうした海外の最新動向を把握し、交易を行っていたことがわかる。

冊封使節団と交易品

くわえて那覇の港町に民間交易勢力が多数集まる時期があった。琉球国王を任命する冊封使《さくほうし》が渡来する期間である。冊封使は少人数で琉球へ向かったのではなく、兵士や航海スタッフ、技術者など数百人に及ぶ大使節団をともなっていた。彼らは那覇で中国から持参した品々を売りさばいたが（冠船《かんせん》貿易という）、これを求めて民間の海商、海域世界の「倭人」たちが琉球へ渡来したのである。

彼ら「倭人」は一歩間違えれば海賊にもなりかねない危険な存在である。王府は渡来した交易勢力に対して厳重に警戒し、一五五九年（永禄二）の尚元王の冊封に際し、琉球は島津氏領内から来航する商船の那覇における武器管理と印判照会、抵抗者を成敗する旨を島津氏に通達している（『島津家文書』）。入港した商船の武器類を一時的に琉球側で預かり、島津氏の発給する印判状（渡航許可証）を提示させたうえで、万が一、彼らが騒乱を起こせば容赦なく鎮圧するとの方針である。しかし、こうした対策にもかかわらず、那覇に来航する「倭人」たちをはじめとした武装した民間交易勢力を抑止することは事実上、不可能であった。

　武器管理策を実施したはずの一五六二年（嘉靖四十一）の冊封では、冊封使節団の行進を倭人たちが取り巻き、冊封使の行列に対し倭人が刀で斬りつける事件が発生している（夏子陽『使琉球録』）。一五七九年（万暦七）、一六〇六年（万暦三十四）の冊封でも、使節団との交易を求め、一〇〇〇人近くの武装した「倭人」たちが那覇に殺到した。琉球の対策は有名無実化していたのである。

　琉球側では冊封使節団の持参した交易品を全て買取る必要があったため、王府はその買い手である交易勢力に対し強硬策に出て排除することはできなかった。一五三六（嘉靖十三）の冊封では、尚清《しょうせい》王が那覇滞在の日本人を恐れて、彼らの退去後に那覇の天使館にいた冊封使・陳侃《ちんかん》を訪問している（陳侃『使琉球録』）。琉球の最高権力者たる国王すらも那覇の「倭寇」的海商を容易に統制しかねる状況であったのだ。

　港湾都市は本来、外に対して開放的な性格を持っており、那覇のような状況は世界一般の港町で見られる現象といってもよいが、那覇港で活動する民間勢力を活用していた琉球王国にとって外来者の受け入れは必要不可欠であり、その結果として、厳重な倭寇対策と相反するような交易勢力の受け入れ方針を採らざるをえなかったのである。陳貴事件にみるように、王府は那覇で海商らがトラブルを起こした場合にはただちに鎮圧するが、そうでなければ事態を見守る方針であったようだ。

3　市場経済という巨大な「生き物」

ポルトガル、マラッカを占領

琉球と並び、海域アジアの交易国家として繁栄した国がもう一つある。東南アジアのマレー半島南部に位置するマラッカ王国である。イスラム教徒でアレキサンダー大王の子孫を自称するパラメスワラによって一四世紀末期に建国されたこの王国は、マラッカの港湾都市を中心に、マラッカ海峡をはさんだマレー半島南部と対岸のスマトラ島の一部を領域としていたにすぎない小国家であった。

だがマラッカはインド洋と南シナ海地域を結ぶ要衝であったことから、東南アジアの中央市場、国際的な中継港として活況を呈し、交易品を求め西はエジプトのカイロから東はモルッカ諸島、さらに北は中国にいたるまで実に八四の言語を話す人々が港町に集まっていた。

マラッカ発展の契機は、中国・明朝の鄭和《ていわ》によるアジア・アフリカ遠征で大船団の前線基地となったことである。一四〇五年（永楽三）には明朝に入貢を果たし、超大国・明朝の保護をバックに、当時マラッカに圧迫を加えていたシャム・アユタヤ朝を牽制《けんせい》し、政治的独立を確保した。また十五世紀半ばにはイスラム教を受容し、西方のムスリム商人との結び付きも強めた。明朝の冊封・朝貢体制の参入と交易によって台頭したマラッカは、いわば「東南アジアの琉球」ともいうべき存在であった。

琉球もマラッカへ向け、たびたび交易船を派遣している。『歴代宝案』によると、一四六三年（天順七）から一五一一年（正徳六）まで、回数は確認されるだけで一八回に及び、最大の取引相手国であったシャム（タイ）に次いで多い。琉球は中国陶磁器や日本刀などの商品を持参し、東南アジア特産の香辛料・香料などを求めた。マラッカは東南アジアにおける最終集荷地であり、ここに来ればあらゆるものが入手できた。

こうしたマラッカの繁栄に終止符を打ったのが、ヨーロッパのポルトガルであった。大航海時代、ポルトガルは黄金や胡椒《こしょう》などアジアの富を求めて、いち早く東方に進出した。一四九八年、ヴァスコ・ダ・ガマがポルトガル―インド航路を確立し、続いて一五一〇年、インド総督アフォンソ・デ・アルブケルケがインドの港町ゴアを占領した。

アルブケルケは翌年の一五一一年、強大な軍事力でマラッカを滅ぼし、アジア進出の拠点とした。東南アジアの交易の中枢がヨーロッパ勢力の手に落ちたのである。ただし、彼らは従来の海域アジアの民間ネットワークの一角に食い込んだにすぎず、いまだ新規参入の一勢力という存在でしかなかった。

だがポルトガルの征服によって、マラッカに一極集中していた東南アジアの交易ネットワークは大きく変わる。パタニ・アチェ・バンテンなどさまざまな港湾都市に多極化したのである。ポルトガル支配下のマラッカから拠点を移した多くの商人たちとともに、一五一一年以降、琉球人もマラッカへ二度と足を運ぶことはなかった。琉球船はジャワ島のスンダ・カラパ、マレー半島のパタニといった港湾都市へと取引先を移すが、派遣回数は減少し、かつてのような交易の活況を取り戻すにはいたらなかった。

マラッカ陥落後にポルトガル人トメ・ピレスは著書『東方諸国記』のなかで、琉球人を「レキオ」または「ゴーレス（刀剣を帯びた人々）」と呼んでいる。また彼らが豊富な交易品をマラッカに持参し、色白で良い服装をし、気位が高く勇猛であったことも記している。琉球ではちょうど中央集権化を達成した尚真王の治世に当たる。

ピレスは琉球人たちを実見したわけではなく、すでに彼らがマラッカを去った後、人々の話す二次情報を書き留めたのであった。東南アジアでは多くの人々が、ピレスが記したように「レキオ」を畏怖していたことがわかる。

ポルトガルは海域アジアの交易勢力に入り混じりながら、さらに先述の「嘉靖の大倭寇」の舞台となった密貿易の根拠地・浙江の舟山列島へと北上を続ける。そして一五四三年には日本の種子島に達し、一五五七年に中国のマカオを獲得、一五七一年には長崎―マカオ航路を確立し、これが東アジア海域の基幹ルートの一つとなっていった。

明朝の海禁解除と漳州

「嘉靖の大倭寇」を招いた民間による密交易は、一般民衆だけではなく、「郷紳《きょうしん》」と呼ばれた官僚経験者である地元エリート層や、富裕層も深く関わっていた。大きな利益を生み出す海外貿易は郷紳たちにとっても魅力であり、地元民が海上勢力と結びついていた背後には彼らの存在があったのである。

明代を通じて私貿易がなくならず、なかば公然と行われていたのは、支配層であるはずの郷紳たちが特権的な立場を利用して積極的に貿易に関与していたからである。

舟山列島の密貿易拠点を壊滅させ、私貿易を厳しく取り締まった朱紈は、貿易盛行の原因を郷紳ら国内の支配層にあるとして彼らを批判するが、逆に浙江・福建の郷紳や官僚たちの弾劾を受け失脚してしまう。

猛威を振るった倭寇は、新たに浙江巡撫となった胡宗憲《こそうけん》や明軍の名将・戚継光《せきけいこう》の活躍などによって沈静化に向かい、「倭寇の大頭目」王直も胡宗憲の計略によって捕らえられ、一五五九年(嘉靖三十八)、刑場の露と消えた。こうして民間の私貿易を行う倭寇勢力はほぼ壊滅し、再び明朝の海禁政策がその威光を取り戻したかに見えた。

だが、郷紳や官僚などからは海禁の解除を求める声が高まっていった。海域アジア世界でダイナミックに展開される圧倒的な民間パワー、市場経済という巨大な「生き物」を、国家が統制を加えて意のままに操ろうとするのは当初から無理があり、それが限界に達しつつあったのだ。

一五六七年（隆慶元）、民情に熟知した漳州府海澄《かいちょう》県知事の羅青霄《らせいしょう》は民間人が海外貿易に携わっている現状を目の当たりにして海禁の解除を要請、さらに福建巡撫の塗沢民《とたくみん》の建議を経て、ついに明朝は二〇〇年続いた海禁を一部解除する。明朝は海禁政策の強行が逆に倭寇の跳梁《ちょうりょう》を招き、治安を悪化させている実情を考慮したのである。

私貿易の拠点となっていた漳州の月港周辺には一五六五年（嘉靖四十四）、海防体制を強化するため龍渓県と漳浦《しょうほ》県の一部を割いて新たに海澄県が新設されていたが、この月港を開港して民間による海外交易を公認した。

ただし、(1)民間船は官憲から発行された「文引《ぶんいん》」という渡航証明書を携帯し、帰国後に関税（餉税《しょうぜい》）を払うこと、(2)民間船の渡航先は東南アジア方面に限定し、日本と琉球へは従来通り渡航を禁止する、(3)硫黄や銅・鉄の輸出は禁止する、という条件付きであった。また海外への渡航は年内に帰還することが義務付けられていた。

この海禁解除という政策転換は、その後の海域アジア世界の貿易構造を一変させる大きな歴史的転換であった。漳州の月港は中国国内で唯一、民間による海外交易を公認された貿易港として未曾有《みぞう》の活況を呈するのである。

海禁が解除された月港からは、フィリピンのルソン方面（東洋）やタイのシャム方面（西洋《さいよう》）などの東南アジアへ民間商船が続々と渡航した。毎年、公認された船一〇〇隻が月港を出港したが、実際にはその数を上回る非公認の民間船が海外に渡航していた。

また指定された渡航先も厳守されず、禁止されていた日本へ向かう者も多かった。漳州から渡航した華人たちによって、アジア各地には長期滞在型の居留地がつくられ、日本では九州沿岸に「唐人町」と呼ばれる居留地が形成された。現在でも九州には「唐人町」という地名や中国の航海信仰である天妃宮《てんぴぐう》が残されている。

スペイン領フィリピンの成立

月港の開港と並行するかたちで、海域アジア世界の貿易構造を一変させるもう一つの動きが東南アジアで起こっていた。一五六五年、ミゲル・ロペス・デ・レガスピ率いるスペイン艦隊がメキシコから太平洋を越えてフィリピン諸島のセブ島に根拠地を築き、一五七一年にルソン島のマニラに植民都市を建設したのである。

スペインは十六世紀前半に中南米の帝国アステカ、インカを征服して広大な植民地を獲得していた。アジアでは一五二一年にマゼランによる世界一周の航海によって、フィリピンに立ち寄っていたが、この時には植民地化することはできなかった。レガスピによるアメリカ大陸とフィリピンの往復路の確立によって、はじめて植民地維持が可能となったのである。

フィリピンの初代総督にはレガスピが就き、一五八〇年代にはマニラのパシグ川沿いに「イントラ・ムーロス」という市街を囲む城壁が築かれ、総督府や大聖堂など壮麗な石造建築が立ち並ぶヨーロッパ風の都市が建設された。フィリピン植民地支配を正当化する根底にあった原理はキリスト教カトリックであった。

当時、スペインは南アメリカのポトシ銀山（現在のボリビア）で大量の銀を採掘していた。南アメリカの銀産出量は、十七世紀には全世界産出量の約七〇パーセントに達する。この南アメリカ銀がメキシコのアカプルコを経由してガレオン船によってフィリピンのマニラに輸出され、漳州から出港した海商たちの重要な交易品となるのである。

海禁解除後に漳州から出港して東南アジアへ向かう民間船のうち、その大半はマニラに渡航し、南アメリカ銀を入手して中国へもたらした。漳州―マニラルートが海域アジア世界のメインルートのひとつとなったのである。

十七世紀までにマニラ市外には二万人を超える東南アジア最大級の中国人居留地（パリアン）が形成された。この数はマニラに居住するスペイン人二五〇〇人をはるかに上回り、マニラの

マニラのイントラ・ムーロスの城塞　　撮影：山本正昭

財政やスペイン人の生活維持のために、来航する中国人は必要不可欠の存在となっていた。だが一方で圧倒的多数の中国人はスペイン人にとって脅威でもあった。

またマニラ市街に隣接するディラオとサン・ミゲルには日本人の居留地である「日本町」も形成されており、彼らがもたらした日本銀もここで入手することが可能であった。マニラの日本町は十六世紀末に一〇〇〇人超、最盛期に三〇〇〇人と中国人居留地に及ばなかったものの、東南アジアに存在した日本町のなかでは最大規模であった。銀の吸引力が多くの人々を引き寄せたといえよう。

このように、石見銀山で採掘され中国に流入した日本銀に加え、南アメリカの銀は広大な太平洋を越えてマニラと漳州をつなぎ、世界経済成立の端緒となった。スペインのマニラ建設で登場した南アメリカ銀によって、海域アジア世界は空前の「交易ブーム」を迎えることとなる。

それは国家間のネットワークを必ずしも必要としない民間のネットワークが中心であり、その担い手たちは倭寇に代表される多国籍・多民族の海商集団であった。十六〜十七世紀における海域アジアの混沌とした状況はまた「倭寇的状況」とも呼ばれている。

4 混沌とする海域アジア

琉球の「倭寇的状況」への対応

国営中継貿易を行っていた琉球王国は、明朝の優遇策の後退により苦境に立たされていたが、とくに一五六七年（隆慶元）の海禁解除以降、漳州月港から押し寄せる多数の民間商船にマーケットを奪われ、大きな痛手をこうむった。

貿易の構造も、それまでのアジア各地の特産物を中継する国家間貿易から、銀の取引を中心とした民間主導の新しい貿易体制へと変化しており、琉球の強みとしていた国営中継貿易はもはや時代に合わなくなっていた。琉球の中継貿易が明朝の設定した朝貢体制のもとにあった以上、その体制が機能不全になるとともに貿易が衰退するのは必然であったのだ。

琉球の外交文書集『歴代宝案』には、一五七〇年（隆慶四）のシャム（タイ）派遣船の記録を最後に東南アジア貿易の記述は見られなくなる。シャムのアユタヤが一五六九年に隣国ビルマのトゥングー朝に占領されたことも影響したと考えられるが、一五六七年の海禁解除と一五七一年のスペイン領フィリピン成立とほぼ同時期に当たるのは偶然ではないだろう。

　しかし、琉球と東南アジアとの関係は一五七〇年を最後に完全に途絶えたわけではない。『歴代宝案』には東南アジア派遣記事がなくなるものの、蘇木《そぼく》など東南アジア産物は実に一六〇六年（万暦三四）まで進貢物品のリストに見られるし、一五七七年（万暦五）には琉球国王から薩摩の島津義久に東南アジア産の蘇木一〇〇〇斤《きん》が贈られている（『島津家文書』）。これらの品はどこで入手したのだろうか。

　一五七〇年以降の史料に現われる東南アジア産物は、冠船貿易で「倭人」より入手したほか、東南アジア現地でも入手した可能性が高い。琉球士族の家系記録（家譜）によると、一五九八年（万暦二十六）には日本の堺商人で琉球王府に仕えた川崎利兵衛《かわさきりへえ》（前糸数親雲上宗延《まえいとかずぺーちんそうえん》）が「南蛮才《なんばんさい》府《ふ》」として東南アジア貿易に赴いている（『蒙姓家譜』）。「南蛮」とは東南アジア、「才府」とは現地で貿易取引を行う役職である。

　また万暦年間（一五七三〜一六一九）には「倭人」の自安大円宋治《じあんだいえんそうじ》とルソン（フィリピン）へ交易に向かった新垣筑登之親雲上善房《あらかきちくどぅんぺーちんぜんぼう》の例がある（『那姓家譜』）。おそらく琉球はシャムのアユタヤ陥落後、東南アジアの一大拠点となったマニラを中心として交易活動を行ったとみられる。

史料中に登場する東南アジア産物は中国で入手した可能性もなくはないが、一五七〇年以後にも琉球の東南アジア通交の記事が存在する以上、中国ではなく現地で買い付けたと考えたほうが自然だ。

琉球王府は従来の国営中継貿易から、海域世界を往来する民間交易勢力に便乗するかたちへと渡航形態を変化させ、東南アジア貿易を継続しようと貿易体制の立て直しを図っていたのだ。十六世紀以降の那覇の港湾都市は日本から東南アジアへ向かう中継基地となっており、また那覇そのものがアジア各地に形成された「日本町」の一つであった。

『歴代宝案』は明朝や朝貢国間の外交文書集であり、このなかに対日関係文書が一切存在していないのと同じように、非朝貢国であるスペイン領フィリピンへの外交文書は、例え存在しても収録されなかったはずだ。

島津軍による琉球征服後の一六一五年（万暦四十三・元和元）、島津家久《いえひさ》が琉球の尚寧《しょうねい》王を介してフィリピン総督フワン・デ・シルバに書簡を送っているが（『江雲随筆』）、そのなかで琉球とフィリピンが「二十年来、商船通ぜず」と述べ、琉球と再び交易することを求めている。逆算すると、十六世紀最末期まで琉球はフィリピンと通交していたことになる。

以上から、一五七〇年以降に琉球の対フィリピン交易が行われていたのは確実である。琉球の対外交易は全てのアジア諸地域へ同時に行われていたのではなく、東南アジアへは一度に二、三カ国程度で、派遣する場所も時代ごとに変遷していったことが指摘されている。その時々の国際情勢に合わせて琉球は派遣先を変えていたわけで、その点からすれば、十六世紀後半に取引先をフィリピン一つにしぼったとしても不思議ではない。

対外貿易が衰退するなかで一五七〇年以降、琉球の東南アジア貿易は完全に途絶したのではなく、明朝の朝貢ネットワークから海域アジアの「倭寇的状況」へと貿易の対応を変化させていた、と表現したほうがより実態に則している。だが必死の対応にもかかわらず、琉球は劣勢を挽回するにいたらなかった。

薩摩島津氏の圧迫

一方、北の日本は戦国の世に突入していた。

その中で南九州の混乱を収束させた島津忠良《ただよし》・貴久《たかひさ》は勢力を拡大し、三州騒乱でしばらく途絶えていた琉球との通交関係を一五五〇年代に再開した。

一五六八年（隆慶二）、宮古島の貢納船が島津氏領内の加世田片浦《かせだかたうら》に漂着した。島津氏はこれを送還したが、これが「綾《あや》（文）船《ぶね》一件」と呼ばれる琉薩間の外交摩擦を生み出すきっかけとなった。琉球側の返礼を受けて一五七〇年（元亀元）に島津義久《よしひさ》は家督継承を尚元王に伝え、あわせて島津氏の渡海朱印状による琉球渡海統制について要求した。

領国内の支配を安定化させつつあった島津氏は、南九州から琉球へ渡航する商船に対して、この時期から統制を強めていった。だが海域世界の民間交易に頼る琉球にとって、島津氏の印判制度によって民間海商の渡航が制限されることは死活問題である。島津氏の度重なる要求に琉球は応じず、明確な回答を出さなかった。

一五七五年（万暦三）、義久の家督を祝うために琉球から綾船が派遣された。綾船とは日本への正式通交船のことである。ここで島津氏側は琉球に対して、高圧的な態度で印判制の違反や島津氏の使者が琉球で受けた無礼な対応を挙げて詰問した。これが「綾船一件」である。勢力を着々と拡大する島津氏がこの事件を契機として琉球の上位に立ち、次々と難題を突き付けていく。

薩摩・大隅・日向《ひゅうが》三州を統一し、さらに島津氏はライバルの豊後《ぶんご》大友《おおとも》氏や肥前《ひぜん》龍造寺《りゅうぞうじ》氏を打倒し、九州をほぼ手中に収める。「九州の覇者」として振舞う島津氏は強大な軍事力を背景として、領国支配のなかに琉球を従属的な存在として位置づけようとしていた。琉球に対して強硬な態度で理不尽な要求を繰り返し、また報復として琉球への商船渡航を制限するなど圧力を加えていった。

琉球側としては、衰退していく中継貿易、尚元王・尚永《しょうえい》王の冊封による多額の経済負担で南九州との経済的な結び付きが不可欠となっており、島津氏との関係を軽視するわけにはいかなかった。

だが島津氏の九州制覇の野望も、一五八七年（天正十五）、豊臣秀吉《とよとみひでよし》というさらなる巨大な力の登場によって屈服し、あえなく潰《つい》えることになる。琉球への外交圧力はここから島津氏単独によるものではなくなり、日本の全国政権のもとで行われていく。

秀吉の明征服戦争と琉球

天下統一を果たしつつあった豊臣秀吉は、日本のみならず明をはじめとした周辺諸国を征服し、アジア世界の支配者となることを構想していた。

秀吉は一五八八年（天正十六）、薩摩の島津義久に命じて琉球国王尚寧に書簡を送らせた。秀吉は、朝鮮や明、南蛮諸国（東南アジア）が続々と日本へ入貢しているとして（これは事実ではない）、琉球にも入貢を求め、従わなければ琉球を「滅却《めっきゃく》」すると迫ったのである。

かつてない恫喝《どうかつ》に琉球王府は動揺し、即位まもない尚寧王は、翌年ひとまず京の聚楽第《じゅらくてい》に使者として天龍寺僧を派遣した。秀吉はこれを服属の使者として認識し、琉球を島津氏の従属的存在、「与力《よりき》」として位置付けたのである。

島津氏の「与力」とされた琉球は「唐入り《からい》」計画が具体化するなかで一五九一年（天正十九）、島津氏より七〇〇〇人の兵糧一〇か月分と肥前名護屋《なごや》城普請の軍役負担が命じられた。

しかし琉球にとっては大恩ある「親の国」ともいえる明に対し、弓を引くことはできない。しかも軍役は琉球にとって相当な負担である。理不尽ともいえる要求に国内は紛糾し、家臣団の反乱（謝名《じゃな》一族の反乱）も起こる。

尚寧王はそれまでの首里出身の歴代王とは違って浦添《うらそえ》尚家の出であり、権力基盤は脆弱《ぜいじゃく》であった。家臣団は常に首里・浦添の派閥対立を抱えており、弱腰対応は国内の反発を買う。ジレンマのなか苦悩する尚寧王は結局兵糧の「過半」は供出したものの、残りは国が衰微しているということを理由に要求を黙殺した。これは後に島津氏が琉球に侵攻する口実の一つになってしまう。

一方で琉球は秀吉の服属要求に唯々諾々と従っているわけではなかった。一五九一年（万暦十九）、明人の末裔で琉球王府の長史である鄭迵《ていどう》（謝名親方利山《うぇーかたりざん》）は明商人に密書を託して、秀吉の大陸侵攻の意図を密かに明へ通報している。これにより、明の朝廷は初めて秀吉の計画を知ることになる。

琉球はその後も日本の動向を明へ通報し続け、第一級のインテリジェンスとしてその後の明の政策決定にも重要な役割を果たす。琉球は明の対日戦争の一翼を情報戦というかたちで担っていたといえよう。

一五九二年（文禄元）、明を征服すべく朝鮮に侵攻した日本軍だったが、戦況は泥沼化、一五九八年（慶長三）、秀吉の死によって戦争はようやく終結を迎えた。

家康の目的―日明国交回復

その後天下の実権を握った徳川家康《とくがわいえやす》は、戦争により断絶した日明国交を回復し、対明貿易を復活しようとはかる。そこで家康は明の朝貢国である琉球にその仲介をさせようと考えた。

一六〇一年（慶長六）、琉球船が陸奥国伊達《むつのくにだて》領内に漂着、家康は島津氏を通じて乗員を琉球へ送還した。島津氏は琉球に対し家康へ御礼の使者（聘礼《へいれい》使者）を派遣するよう求めた。家康はこれをきっかけに琉球に日明国交回復の仲介を担わせようとしたのである。

だが秀吉時代に求めるまま使者派遣に応じ、次々に理不尽な要求を突きつけられた尚寧政権は、徳川新政権を警戒し反抗姿勢に転じていた。対日強硬派の鄭迵らを三司官に任命、聘礼使者派遣の要求を拒絶した。聘礼使者の派遣は日本への従属を認めてしまう結果となるからである。

秀吉死後、島津家当主となった忠恒《ただつね》は家康への聘礼使者派遣の要求に応じない琉球に対し、琉球領である奄美大島への派兵を決意する。一六〇六年（慶長十一）六月に、忠恒は家康より偏諱《へんき》を賜わり「家久《いえひさ》」と改名するが、この時に琉球が要求に応じない場合に出兵する許可を得たようだ。

しかし、大島出兵の計画は義久のボイコットもあり、遅々として進まなかった。それは当時の島津家中に生じていた、深刻な対立に起因している。秀吉への屈服後、中央政権と距離を置く義久と、積極的に協力することで島津家の存続をはかる義弘《よしひろ》との方針の違いで家中が割れ、朝鮮出兵の軍役負担と太閤検地《たいこうけんち》による混乱も重なり、義久・義弘・家久の三方に派閥が分かれ、それぞれの家臣団が互いに敵対視するような状況となっていたのである。

一六〇五年（慶長十）には、領内の郷帳《ごうちょう》作成の過程で膨大な隠知行《かくしちぎょう》の存在が発覚する。隠知行は総石高の約二〇パーセントにもおよび、島津氏が家臣団を完全に把握してないことが明らかになった。

また江戸城普請役や義弘養女の婚礼などの多額の出費もあり、島津氏は経済的危機にも直面していた。家康は琉球の領有化ではなく、あくまでも日明貿易の復活を目的として出兵を許可したのだが、島津氏は琉球侵攻を奄美大島への侵攻から沖縄本島への侵攻に切り替え、家中の問題を打開するための領土拡大戦争として位置付けていく。

島津氏は琉球を自らの「与力」と位置付け、やがて室町時代に足利義教《あしかがよしのり》から琉球を賜ったとする「嘉吉附庸《かきつふよう》説」を、外交ブレーンの南浦文之《なんぽぶんし》は「琉球を討つ詩并《なら》びに序」で琉球王が、源《みなもとの》為朝《ためとも》の子孫であることを主張し、「琉球征伐」を正当化した。

一六〇六年（万暦三十四）、琉球に冊封使の夏子陽《かしよう》が渡来したが、島津氏はこれを好機として冊封使の夏子陽には島津氏領内への明商船の来航を求め、尚寧王には琉球に明商船を来航させ、日明貿易の中継基地とすることを提案した。

島津氏の要求に対し、ここで琉球は一六〇七年（万暦三十五）に明朝へ使者を派遣し、明で行われていた「文引制《ぶんいんせい》」を琉球にも適用して中国漳州からの民間商船の渡航を許可すること、外交・交易を支援する「閩人三十六姓」の琉球への再派遣を要請した。

琉球が日明交易の中継地となり実質的な交易が可能となれば、家康の目的は達せられ、島津氏も琉球出兵の大儀名分を失ってしまう。家康はもともと琉球出兵に乗り気ではなかった。琉球としても家康への聘礼、すなわち琉球の日本への従属を認めるような儀礼を行わず、島津軍の琉球侵攻を回避することができる起死回生のチャンスであった。また三十六姓再派遣は、破綻しつつあった琉球の外交・貿易体制の再編成を視野に入れていた。

「文引制」適用による民間商船の招致と交易支援集団「三十六姓」の新たな派遣は、行き詰る対日関係を打開すると同時に、十六世紀以降の海域アジアにおける交易ブームに対応した、漳州―琉球間の新貿易体制構築の試みだったと考えられる。

だが日本を警戒する明朝は琉球の要請を許可しなかった。琉球の新貿易体制構築の試みは頓挫し、家久が求めた琉球を日明交易の拠点とする計画も幻と消えた。だが琉球国王の上奏にも配慮した明朝は、琉球にすでに滞在していた漳州人の阮国《げんこく》・毛国鼎《もうこくてい》を三十六姓の派遣に充てた。

琉球にはもはや残された対日外交カードはなかった。一六〇九年（慶長十四）二月、島津義弘は、尚寧王へ残りの朝鮮軍役を供出しなかったこと、聘礼使者派遣の遅滞などを挙げ、日明貿易仲介を求める最後通牒《さいごつうちょう》を突きつけた。琉球はこの要求に一切応じず、開戦は決定的となった。

島津軍の琉球侵攻

一六〇九年（万暦三十七・慶長十四）三月四日、薩摩山川港に集結した約八〇隻の軍船が琉球へ向け出航した。島津軍の陣容は大将に樺山久高《かばやまひさ》、副将に平田増宗《ひらたますむね》で、家久・義久・義弘それぞれの家臣（「三方《さんぽう》」）からなる軍勢に加え、喜入肝付《きいれきもつき》氏・北郷《ほんごう》氏・種子島《たねがしま》氏らの一所衆、トカラ列島の七島衆《しちとうしゅう》らの独立軍団をあわせた総数三〇〇〇人の軍勢であった。

島津軍の方針は作戦期間四ヵ月の短期決戦であり、国王が長期の籠城に及んだ場合は全軍撤退することが定められていた。それは「三方」と一所衆からなる混成部隊の島津軍が、琉球と戦う以前に内部対立によって自ら崩壊してしまう危険性を孕《はら》んでいたからであった。数々の戦闘を経験した歴戦の猛者もいた島津軍だったが、最大のアキレス腱は島津軍内部にあったのである。

奄美大島から徳之島、沖永良部《おきのえらぶ》島と侵攻する島津軍は、途中琉球の軍勢の抵抗を難なく蹴散らし、わずか一七日間で奄美地域を陥落させた。琉球側は徳之島へ軍司令官（番衆主取《ばんしゅうぬしどり》）を派遣し、一〇〇〇名以上の兵で沖縄本島に到達する前に島津軍を阻止する方針であったが、歴戦の猛者である島津軍には歯が立たず惨敗を喫した。

三月二十五日に沖縄本島北部の属島、古宇利《こうり》島に到着し、北部の拠点今帰仁グスクを占領した。山北監守の向克祉（今帰仁按司朝容）は二十八日に二十八歳の若さで死亡、戦死したとみられている。琉球側は講和の使者として禅僧の菊隠《きくいん》らを今帰仁へ派遣したが、島津軍は「講和交渉は那覇で行う」として講和の申し出を一蹴した。

快進撃の続く島津軍だったが、いよいよ本拠地の首里・那覇へ向かおうとしたところ、首里への玄関口である那覇の港口に強固な防御があるとの情報を入手する。そこで那覇突入を断念し、主力部隊を沖縄島中部の大湾渡具知《おおわんとぐち》から上陸させ、一部のみ海路で那覇港へ進軍することを決めた。

那覇には謝名親方・豊見城《とみぐすく》親方率いる王府直轄軍三〇〇〇が布陣し、港口の砲台である屋《や》良座森《らざもり》グスク・三重グスクに侵入を阻む鉄鎖を張って待ち構えていた。おそらくこれらの軍は「ヒキ」であっただろう。四月一日、海路の島津軍船七隻が那覇港に突入したが、屋良座森グスク・三重グスク両砲台からの砲撃により撃破され、侵入は阻止された。だが同じ頃、陸路より侵入した島津軍の主力部隊が首里に迫っていた。島津軍は浦添グスクと龍福寺《りゅうふくじ》を焼き払い、首里へ進んだ。

琉球側は那覇港を防御すれば島津軍の侵攻を阻止できると考えた節がある。王府は直轄軍の

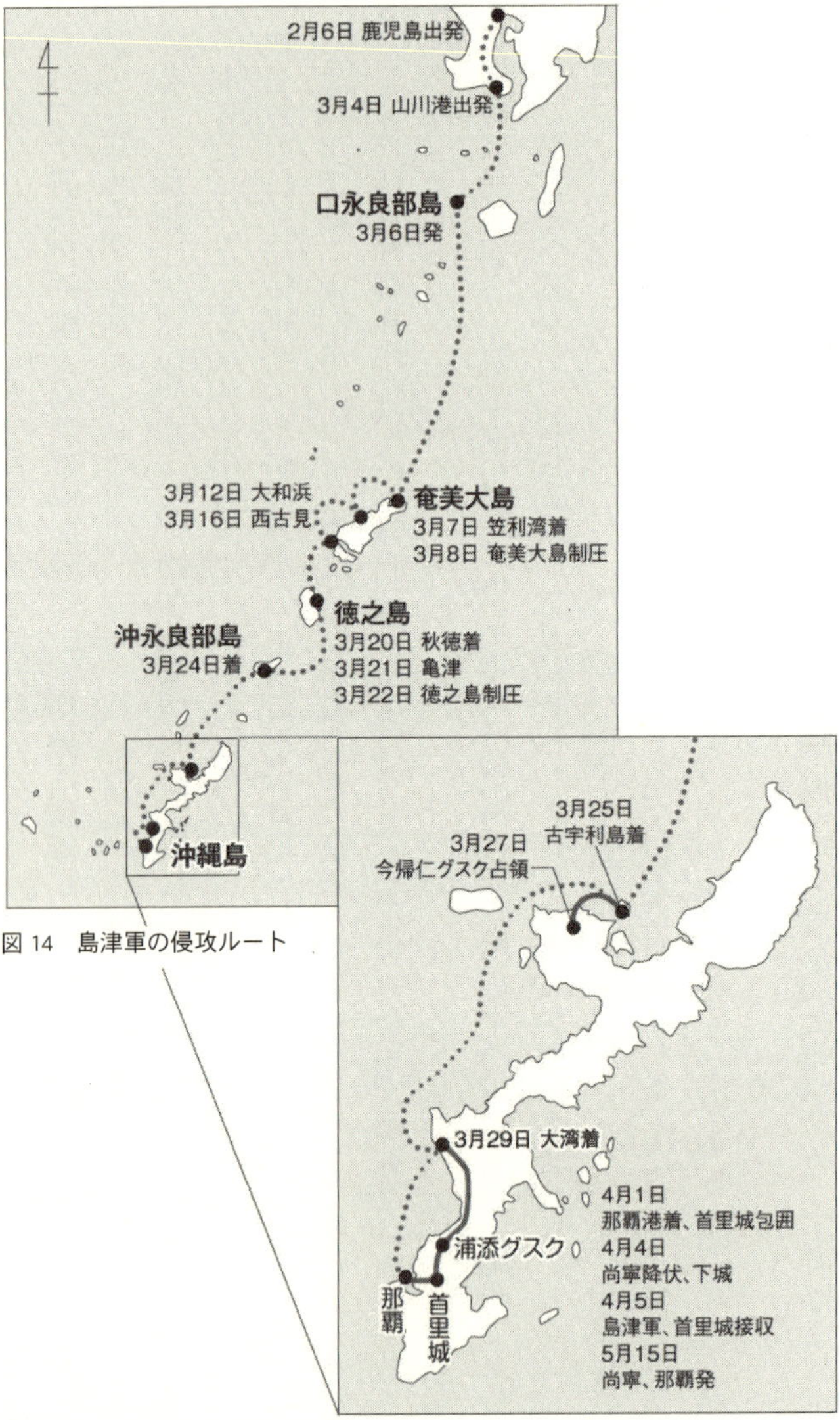

図14　島津軍の侵攻ルート

ほぼ全てを那覇・首里防御に投入していたが、陸路からの攻撃を予想しておらず、島津軍が上陸した沖縄島中部には兵を配置していなかった。島津軍八〇隻もの大船団を安全に係留できる場所は運天港のほか那覇港ぐらいしかない。

沖縄島の港湾は限られているのである。琉球側の対応はある程度的確なものであったといえよう。琉球の中枢、港湾を集中防御する軍事対応は、琉球が港湾都市を拠点とする交易国家だったことを改めて浮き彫りにする。

陸上からの侵攻を知った王府は慌てて那覇防衛軍を首里城に戻し、首里入口の太平橋《たいへいきょう》に急遽一〇〇名の兵を派遣して島津軍の首里侵入を防ごうとした。だが戦国乱世をくぐり抜けた島津軍の差は歴然だった。大量に装備された火縄銃の攻撃の前に琉球軍は敗走、首里最後の防衛線を突破された琉球の敗北は決定的なものとなった。

首里城を包囲した島津軍に対し、琉球王府は降伏を決意、琉球側にも若干の抵抗はあったものの四月四日、尚寧王は首里城を下城、五日に首里城は島津軍に接収された。

こうして琉球は島津氏の軍門に下り、「古琉球」という時代は終焉《しゅうえん》を迎えることとなった。これ以降、明朝との冊封・朝貢関係を維持しつつ徳川の幕藩制国家に組み込まれるという複雑な立場に置かれることになった。

那覇は進貢船の発着地、薩摩商船の往来、国内港の拠点として使われ続けるが、幕府の「鎖国（海禁）」政策によって海域世界の自由な交易拠点としての性格を失った。だが代わって国内で高付加価値商品（サトウキビやウコン）を生産して日本の大坂市場で売却、得られた利益を朝貢貿易に投資するという仕組みを政治改革によって十八世紀までに作り上げた。それまでの海外交易、すなわち「海」一辺倒から国内の「陸」の開発重視の姿勢を打ち出したのである。

近世の琉球は日本と中国（明朝、後に清朝）の体制に整合するようなかたちで新たに国家体制を変革し、東アジアの小国として一八七九年まで存続していった。

終章――古琉球とは何か

港が歴史を変えた

本書では「海域史」という視点から、古琉球の歴史をみてきた。国境を越えた海の世界の動向が南西諸島の歴史にいかに影響を与えたかが実感できたであろう。

その交流のメインステージとなったのが港湾都市・那覇であった。南西諸島にほぼ唯一形成されたこの港湾都市は、十四世紀中頃以降の中国内乱による日中間航路の変更という予期せぬ事態が契機となり、南西諸島間を航行する民間商船の停泊・居留地として使用され始めたと考えられる。

そして那覇が居留地として選ばれた要因にはサンゴ礁に囲まれた沖縄島の自然環境があった。沖縄島で外洋航海の大型船が安定・恒常的に使用できる港湾は限られていた。こうした動向は本来、琉球の地元権力の在り方とは別個のものであったと考えられる。

南西諸島内部の「異国空間」といえる港湾都市形成が端緒となり、現地権力の介入・整備が図られ、那覇を中核として沖縄島における国家形成が加速したとみられる。そして「シマ（集落）」と島嶼《とうしょ》を単位とした南西諸島社会のなかで、政治・経済・文化的拠点が一極集中する港湾都市の那覇、付属する政治都市・首里が形成され、そこを中心に海上ネットワークでつながる「琉球王国」の成立が、南西諸島社会の上に覆いかぶさった。

王国誕生の最大の要因は、沖縄島那覇における港の形成であったといえる。

もちろん沖縄島内部で展開した歴史がまったく関与していなかったわけではない。十四世紀には沖縄島中部に、後の「王統史観」の系譜につながる浦添グスクを中心とした強大な政権がすでに存在しており、グスク時代以来の伝統社会とそれらに立つ首長層・按司《あじ》たちの発展が王国形成の前提となっていたことは確かだ。しかし国家形成の動きが急激に現れてきたのは、那覇登場と同時期の十四世紀中頃以降のことである。

対照的に、奄美や先島地域では沖縄島と同じく首長層が各シマを束ねる社会であったが、後世伝承されるような広域支配の「王」あるいは対外的に認知されるようなかたちで王権が成立していない。

とくに奄美は「キカイガシマ」と呼ばれグスク時代成立に大きなインパクトを与えた当時の先進地域であったにもかかわらずである。これは南西諸島社会が本来国家を形成する段階にまで到達していない状況下で、国家形成の急速な進展の要因が沖縄島における港湾都市形成という、外からのインパクトによって生み出された変化にあったことを示唆する。

外からの認識を受容する

港湾都市形成にともない琉球の王国形成と交易国家としての成長に決定的な影響を与えたのが、周知のように明朝との冊封《さくほう》・朝貢《ちょうこう》体制への参入であった。琉球優遇策は、明朝が海域世界の秩序化を図り、倭寇《わこう》をはじめとした民間交易勢力の「受け皿」として琉球を有力な交易国家に育てる目論見《もくろみ》があったと考えられているが、これは換言すれば、琉球の港湾拠点・那覇の民間交易勢力をいかに明朝のオーソライズする現地王権内部に取り込むかという試みであったといえる。実際、琉球王国の外交・交易活動は那覇の外来勢力にほぼ依存するかたちで進められたことがそれを裏付ける。

そして沖縄島の三つのグループにまとまっていた現地権力は、「世の主《よぬし》」という在来の支配者観念に加え、明朝から対外的に「三山」と認知され、朝貢体制のなかの「王」観念が輸入されることで新たな王権意識が芽生えることになった。くわえて「王」の名のもとで行われる朝貢貿易は莫大な富をもたらし、「三山」に求心力を集めることになった。

対外的に「三山」と認識された、按司を基礎とする三大勢力の実態は「〝王国〟に君臨する王」という外からの認識とその実態に齟齬《そご》があったが、むしろ現地権力の「世の主」たちは外からの認識を自ら受け入れ、「三山」という政体を実体化していったのである。

やがて那覇を擁し華人勢力と強く結び付いた中山が沖縄島を統一し、「琉球王国」を誕生させた。

小国が選んだ「最善の手段」

古琉球の交易活動は、明朝の朝貢・冊封体制下の優遇された諸条件を基盤として、海域世界に構築されていた民間交易ネットワークに便乗し、また港市那覇の外来諸勢力を王府が活用して進められたものであった。むろん琉球による主体的な営みであったことはいうまでもない。そして琉球は朝貢国間の関係をある程度前提にしつつも、各国・各地域の設定する独自の外交秩序に接近あるいは適合させるようなかたちで自らの姿勢を選択し、外交を行っていた。

明朝に対しては彼らの設定した華夷《かい》秩序のなかで朝貢国として振る舞い、日本の室町幕府に対しては、当時の中世日本が持っていた《中国対等、朝鮮・琉球下位》という世界観のなかで、自ら下位の「来朝」者として振舞った。琉球使節の室町将軍への謁見は、建物の外、庭に筵《むしろ》を敷いて座らされる屈辱的な待遇だったが、琉球側はそれを受け容れた。それは卑屈だったからではなく、外交をスムーズに展開し室町幕府との貿易の利便性を高めるための措置であり、事実、一四六〇年代に応仁《おうにん》・文明《ぶんめい》の乱での治安悪化や日本側の取引における不当要求で対日貿易が利益を生まないと判断するとただちに撤退し、以降、室町幕府への公的派遣は途絶した。琉球の「来朝」が純粋に日本を慕っての行動ではなかったことがわかる。

高麗《こうらい》・朝鮮王朝に対しても、当初は彼らの設定する「小中華」的な朝鮮外交秩序のなかで「入貢」する下位の国として振る舞った。やがて明朝の同じ朝貢国として対等な外交へと変化していったが、必ずしも朝貢体制が絶対の前提とはなっていなかったことがわかる。

東南アジアへは明朝への朝貢品調達を名目に、明朝の漢文文書（咨文《しぶん》）で外交が行われたが、付随して行われた交易においては琉球側から民間の市場により近づけるかたちの取引が働きかけられた。また同じ東南アジアでも非朝貢国であるスペイン領フィリピンへの外交は、漢文外交文書集『歴代宝案』にその文書が確認されないことから、朝貢を前提にした漢文文書では行われなかった可能性が高い。

一方で琉球は十六世紀には南九州地域の各勢力に対し、自らを中心とした独自の外交秩序に、両者合意のもとで彼らを下位の存在として位置づけようとしていた。ただ各勢力の姿勢は琉球が他の大国に振る舞ったのと同じく、交易の利益を得るための「従属」のポーズであった。

琉球はこうした何重にも存在していた多元的な世界秩序をそれぞれ使い分けていた。それは琉球だけが特殊な事例だったのではなく、前近代の東アジア国際関係では当たり前にみられる光景であった。こうした相手方のルールをあえて受け容れ、自らの利益につなげるやり方を、日本中世史研究者の橋本雄は《我がものとしての利用》という言葉で表現している。

琉球王国はまさに他国の外交ルールを《我がものとして利用》することで成り立つ交易国家

だったといえよう。〝名を捨てて実を取る〟この方法は、小国が他国と渡り合うための最善の手段であったと言えるかもしれない。

場としての琉球国家

交易活動は全般にわたって、港湾都市那覇に居留する外来勢力を活用するかたちで行われた。交易を行う大型ジャンク船は華人らによって操作され、海域アジア各地への長距離航海が可能となった。明朝や東南アジアへも琉球の地元官人とともに華人が派遣され、通訳や商取引を担った。漢文外交文書の作成も彼らの担当であった。日本に対しては海域世界に広がった宗教ネットワークにより琉球に渡来した禅僧らが外交使節として活躍した。日本語通訳も僧侶をはじめとした在琉日本人が担当した。朝鮮に対しては朝鮮通交に熟知する対馬・博多商人らを琉球の使節として外交を委託し、また琉球に渡航した彼らの商船に琉球人が便乗するかたちで行われた。琉球における朝鮮語通訳も在琉日本人によって行われた。不慣れな朝鮮―九州間海域を無事に航行するためには、彼らのネットワークが不可欠だったのである。

このように琉球の交易活動の実態は、琉球の地元民、ウチナーンチュ（という概念が厳密に成立していたかどうかは措くとして）が単独で成しえたものではなかった。外来者、すなわち琉球内の「他者」の存在なくして交易国家としての繁栄はなかったのである。それは琉球が外来勢力の傀儡《かいらい》だったことを意味するのではなく、琉球の現地権力と外来勢力は相互依存の関係を築いて交易活動を展開していたということである。

そもそも現代の我々の認識のように、この当時、琉球の地元民と外来者を「自己」と「他者」とに区別する明確な意識があったかも疑問である。海域世界に生きる人々は曖昧な帰属性、多様なアイデンティティを持っていた。琉球はそのただなかにあって、彼らが活動する場でもあった。「他者」を活用するのは、例えば室町時代に京都に居住し対明貿易に活躍したムスリム出身の楠葉西忍《くすばさいにん》、薩摩島津氏の側近だった華人の許儀後《きょぎご》や郭国安《かくこくあん》、徳川家康に仕えたウィリアム・アダムス（三浦按針《みうらあんじん》）など、実は日本も例外ではない。ただ琉球の場合、海域アジア有数の交易拠点であったことから、その度合いが日本より色濃く表れていた。琉球が外来者を活用できたのは、彼らが多数来訪し、住み着いた「港」という場があったからである。

十六世紀に入ってから海域アジア世界における「倭寇的状況」、すなわち日本銀・南米銀とその運び手となる多民族構成の海上勢力（「後期倭寇」）の登場でマニラ—漳州《しょうしゅう》間を中心とした銀流通圏が形成されるに及び、琉球王府は朝貢貿易の枠内での特産品貿易から、日本—東南アジア海域を活動する「倭人」らを介在させるかたちで貿易構造の変化に対応しようと図ったとみられる。

この時期の那覇は日本—東南アジア間海域を往来する「倭人」ら海上勢力の中継地として機

能しており、王府は「倭寇的状況」下の民間勢力に依存して難局を乗り切ろうとしていたのではないか。この時期の島津氏へのたび重なる商船渡航要請は、環シナ海域で活動する交易勢力を招致する一環として採った動きが、結果として対日関係重視というかたちで現われたにすぎなかったようにみえる。

これらの試みは十六世紀以降における国際情勢の変化も影響し、結局は実を結ばなかった。だが王府による対応は、外交・交易活動に那覇の外来勢力を活用し海域世界の民間ネットワークに便乗するという点においては、十四世紀以来の琉球の交易国家としての基本的なあり方を継承していたといえる。両者の違いは琉球側の外交・交易に対する姿勢、すなわち《朝貢体制》から《倭寇的状況》により接近するかたちを選択したことの違いだったのではないだろうか。

一極集中のネットワーク社会

海域世界の窓口であった港湾都市の那覇は、また琉球域内における海上ネットワークの中心にもなった。那覇に付属する泊港には奄美・国頭方面の船舶が、那覇港には宮古・八重山方面の船舶が寄港し、それぞれに年貢・貢納物の収容施設が存在した。

南西諸島の各島嶼は船による海上ネットワークでつながっていたが、そのネットワークの最大拠点、ハブポートが那覇・泊であった。王国の統治下に入った各島嶼からはヒト・モノ・情報がこのハブポートに集まり、またここを拠点として各地へと分散していった。沖縄島の琉球王国の統治は、南西諸島海域の島嶼に伸びる海上ネットワークを掌握することで初めて可能となった。

港湾拠点と海上ネットワークをつなぐための船、これらを押さえることが王国支配のカギであった。先にみたように、古琉球では港湾拠点の那覇行政、奄美・先島統治の役職が密接に結び付いていたこともそれを裏付ける。そして今帰仁グスクに北部一帯を統括する山北監守が設置されたが、王府は監守の設置で那覇に並ぶ港湾の運天港の押さえとしての役割を果たしたと考えられる。古琉球の二大政治拠点（首里・今帰仁）は沖縄島屈指の港湾である那覇港・運天港に近接するかたちで定められていたのである。

沖縄島には那覇・運天以外にも大型船がかろうじて停泊できる港湾がいくつか存在しており、それが島内の政治権力の動向にも大きな影響を与えた。三山の王以外では突出した勢力を誇った勝連の阿麻和利《あまわり》だが、居城の勝連グスク眼下には中城港湾があり、大型船が停泊できる沖縄島でも数少ない場所だった。勝連の権力の源泉に海域世界からのヒト・モノの流入が関係していた可能性が高い。

だが中城湾は那覇や運天に匹敵する規模と機能を持たなかった。中城湾と奄美地域には何らかの海上ネットワークが構築されていたとみられるが、しかし阿麻和利と同時代の様相を描いた「琉球国図」には、那覇に付属する泊に奄美・喜界島方面の船は「皆この浦に入《い》る」と記されており、十五世紀中頃にはすでに奄美からの海上交通網は那覇に集中する状況であった。勝連はこの時点で傍流に過ぎず、その影響力を過大評価することはできない。

　小規模ながら存在した各地の港湾を拠点にしたネットワークは次第に淘汰《とうた》され、那覇をハブポートとした一極集中の海上ネットワークが確立され、物流もこの構造に乗って展開された。沖縄島各地の遺跡から出土する貿易陶磁器の存在は、ただちに出土地がダイレクトに海外へつながっていたことを意味しない。ハブポートを経由して域内流通路から流入した可能性も考慮すべきである。十四～十五世紀には硫黄や瓦など沖縄島周辺海域のみで完結する流通路が存在していたことから、陶磁器についても那覇を基点に小型船による域内経路からの流入も想定されよう。

「海域史」という新たな見方

　ところで近年、奄美の歴史や「倭寇」に注目して従来の琉球史を「沖縄島中心史観」や「琉球王国収斂《しゅうれん》史観」なる語で批判する動きが一部に見られる。確かに奄美でも先島でも、地域それぞれの視点から歴史を丹念にひもといていく作業は必要であり、奄美から見た琉球弧の歴史展開、またたとえば久米島を中心に沖縄・日本の歴史を概観する佐藤優のような試み（『沖縄久米島から日本国家を読み解く』）は当然あっていい。歴史の見方は一つではないからである。だが批判者が想定する「沖縄島中心史観」なるものは二、三〇年前の研究水準であり、なぜかこれまで本書で述べてきたような近年の海域史研究の成果をまったく無視している。琉球史研究は批判者が想定するような段階には、すでにない。

これまで述べてきたような、古琉球が圧倒的な那覇・首里という《中央》に一極集中するネットワーク社会だった厳然たる事実を看過して、単なる琉球王国の「枠組み外し」に終始するならば、それは歴史実態から乖離《かいり》した議論になってしまう。古琉球の歴史はまず枝葉ではなくメインストリームの部分、すなわち「沖縄島（那覇・首里）中心史観」でみなければその全体像や歴史的特質、なぜ奄美や先島が「周縁」として追いやられていったのかを充分理解できないのである（実際、批判者はこれらの問題に明確な答えを出せていない）。それは従来の「一国史観」や「王統史観」と同じではない、「海域史」という新たな見方によってである。

中世の博多やマラッカのように、港市は「中央市場」として一極集中する性格を帯びる。かつて日本史で主張された、日宋貿易において各地の荘園領主が個別に海商と私貿易を行っていたとする「荘園内密貿易」説は現在では批判され、やはり国際交易港だった博多がハブポートとしての圧倒的な地位を占めていた事実が明らかになっている。

港市は中核性を持たなければ有効に機能しえない。こうした交易の側面からも分析するのであって、単なる「中心びいき」「権力びいき」ではない。各地域で営まれた歴史も重視しつつ、南西諸島になぜ沖縄島を中心とした「琉球王国」という国家が成立したのかを考えていく必要があろう。

融合そして拡散する宗教・文化

港湾都市はさまざまなヒトが集まる場であった。外来者はモノだけではなく、情報、そして各々が持つ文化・思想をもたらした。那覇の浮島とその周辺部には外来者が招来した宗教施設が集中していた。ただ、それらは「自己」の信仰と「他者」の信仰を厳しく区別し、対立しながら港湾都市にモザイク状に存在していたわけではない。各宗教は相互に影響しあい、やがて融合していった。華人が日本の天照大神《あまてらすおおみかみ》を信仰し、権現社の由来譚に中国の天妃《てんぴ》信仰の説話が入り込み、中国の道教が仏教的要素を取り込んでいくような、港という場においてハイブリッド化が進んでいった。

さらに那覇から流入した外来信仰は全てが受容されたわけではなく、熊野信仰や観音信仰など、琉球在来の信仰（他界信仰・女性の霊的優位信仰）に親和性の高い信仰・宗派がとくに選択され、琉球に定着した。対照的に東南アジアや中国経由で接していたはずのイスラム教は、琉球にはまったく根付かなかった。つまり琉球の人々は外来宗教に対して全てを受け入れたのではなく、主体的な選択がなされていたのである。

仏教などの外来宗教は王権の庇護《ひご》もあって那覇から付属都市の首里に広まり、王府官人にも受容されていった。それのみならず在来のノロ（神女）信仰にも影響を与え、日本の神仏をノロが琉球の天上世界から降臨させ、聞得大君《きこえおおぎみ》の祭神が荒神と習合した宇賀《うが》弁財天となったように、琉球世界のなかで外来信仰が解釈され、習合していった。港湾拠点を中心に展開された外来宗教はやがて地方に波及し、ティラ・グンギン（寺・権現）のように仏教・権現信仰が在来の霊石信仰と習合し御嶽《うたき》化するかたちに変容した。

「琉球に仏教は根付いていない」という時、我々は日本の仏教を無意識のうちに大前提、絶対の基準としてしまっている。しかし日本の仏教は、インドから中国を経由して伝来した宗教が「日本化」すなわち土着化したものである。同じように、主に日本経由で伝わった仏教は、中世日本の権現信仰とも交わり琉球の精神世界・宗教観にマッチするかたちで選択・受容され、独自の「琉球化」をとげたのである。だから、より正確に言えば「琉球では仏教が日本と同じようなかたちで根付かなかった」のだ。

外来の文化についても同様である。王府儀礼は中華式をベースにしながら日本の陰陽道《おんみょうどう》・真言系信仰が取り入れられ、仏僧が同席していたように、外来のさまざまな要素が混在していた。国内の公的文書には主に平仮名が使用されたが、中世日本とはまったく異なる方法（日本では和様漢文）で使用されたうえに、中国伝来の押印や年号などが採用され、同時代の中世日本のどこにも存在しない様式を作り上げていた。古琉球に建立された碑文も、中世日本に存在しない文化であった中国伝来の石碑というモニュメントに、平仮名を表記する「琉球のもの」としかいえないスタイルであった。

政治機構についても中国の「王府制度」を模倣しながら、組織編制は「ヒキ」という航海体制をモデルにした独自の制度を採り入れ、中国からは「王相《おうしょう》」や「長史《ちょうし》」、「通事」などの官職用語を、中世日本からは「奉行」や「番」、「御屋形《おやかた》（親方）」「下司《げす》」などの輸入された語が混在していたが、それらは日中本来の語とは異なる用法で使われ、すでにオリジナルとは別のものに変化していた。同じ用語を使っていたからといって、実態は一緒ではないのである。

「日本」か「中国」かという選択

琉球をめぐる議論で必ずと言っていいほど巷間で出てくるのは、琉球の本質は「日本」なのか「中国」なのか、というものである。「はじめに」でもふれたが、沖縄人の人骨の形質や遺伝、日本文化との共通性を根拠に琉球の本質は「日本」であるとの主張や、また前近代に明・清の朝貢国だった歴史的事実、沖縄に移住した華人（閩人三十六姓《びんじんさんじゅうろくせい》）や現在の沖縄に残る中国文化を根拠に、沖縄が「中国」の領土であるとする主張も、まま見られる。

前近代の中国王朝の華夷秩序をそのまま現代の国民国家の帰属・領土観念に直結させることは論外だが、では琉球の本質が「日本」であるのは自明の理、正しい見解なのだろうか。「日本」か「中国」かという二項対立の図式は、これまでの沖縄研究でも繰り返された。伊波普猷《いはふゆう》は沖縄の歴史を「支那思想と日本思想の衝突」と表現している。伊波はさらに、沖縄人は「日本民族」の支流であって歴史の経過とともに分岐し変種となったが、本質は同系・同質のものであると「日琉同祖論」を展開していた。

こうした「日本」との共通性を見出す代表的な主張が、民俗学から提起された沖縄には「日本の古層」が残っているという議論である。いわく、沖縄の御嶽《うたき》信仰は日本の古神道の流れを汲むものである。いわく、沖縄には日本古語をはじめ日本本土には失われた文化が残っている、などである。

だがこうした「出自」や「起源」を強調する議論には大きな陥穽《かんせい》が潜んでいる。たとえ琉球・沖縄文化が日本と同系・同質の側面があったとしても、それは「日本の古層」が外界と遮断されまるでタイムカプセルや真空パックのように営々と保存・純粋培養され、近現代の観察者の目に届いたものなのではない。数百年の時間の中で、「日本」的ではない要素、そして新たに「日本」から入ってきた要素とも絶え間なく習合し、変質をとげ、本来のそれとは似て非なるものとなったことは、これまで述べてきたことから明らかである。

沖縄が自ら営んできた歴史を無視した、「日本の古層」が琉球・沖縄の本質であるとの見方には、私は与《くみ》しない。近年の民俗学でも、柳田国男や折口信夫らが展開した「南島論」「古層論」は、今や批判の対象にもなっている。

また遺伝上や形質上の共通点をもって、沖縄は日本と同民族だからその本質は「日本」である、との主張にも賛成しがたい。そもそも「民族」とは「血縁」や「文化」「言語」によって科学的・客観的に区分・定義できるものではないからである（小坂井敏晶『民族という虚構』など）。「民族」とは究極的に突き詰めていけば、「我々は独自の集団である」と彼らが意識して成り立つものだ。実体として確定できる「日本民族」が存在し、沖縄人と本土日本人の、文化や言語または身体上の共通点をもって「沖縄は日本と同じ民族である」、「両者が一体であることが本来の姿である」との主張は自明のものではない。今日ヤマトと沖縄が一体であるのは、歴史的な経緯によって、たまたまそうなっているにすぎない（またそれは南西諸島が「琉球」となったことですら必然ではなく、歴史的な結果である）。

なお興味深いことに、一八七九年（明治十二）の琉球処分では、王国併合に当たり人種や民族といった要素はまったく問題にならなかった。日本政府が主張した琉球領有の根拠は薩摩支配時代の琉球に賦課した徴税権、すなわち「土地の支配」であって、併合の正統性を琉球住民が「日本人」と同系・同質であるかに見出していなかったのである（與那覇《よなは》潤『翻訳の政治学―近代東アジア世界の形成と日琉関係の変容―』)。

有史以来、「日本」は唯一不変の枠組みで展開していると考え、沖縄は単なる「一地方」にすぎないとする単一国家史観に対し、戦後の琉球史研究は沖縄が「琉球王国」という独自の政体のもとで歴史を歩んできた事実を明確に示したが、そこで前面に押し出されたのが《東アジア冊封・朝貢体制の中の琉球》という枠組みであった。この視点はそれまでの《日本本土》対《沖縄》という二項対立の呪縛《じゅばく》から解放する役割を確かに果たし、そこでは中国の冊封・朝貢体制が強力に琉球を規定しているととらえられた(そしてそれは事実である)。誤解を恐れずいえば、「中国」という要素に寄り添って「日本」を相対化し、琉球の独自性を確保しようとするカウンターとしての動きだった側面もあるのではないか。それでは琉球の本質は「中国」なのだろうか。

現在の沖縄は歴史的に形成されたところの「日本」社会の中に存在する。その現実を否定したいために、これまでの主張を展開しているのではない。琉球・沖縄の本質を問うに際し、これまでの〝「日本」か「中国」か〟という問いの設定自体が果たして有効なのか、という疑問を投げかけたいのだ。

東南アジアとの共通点

かつての歴史研究が西洋の歴史をもとにした「発展段階論」というモノサシで日本の歴史をその鋳型に無理矢理はめ込もうとしたのと同じように、琉球の歴史を日本や中国という「大国」の論理、陸上の視点ではかろうとする傾向がこれまで強かったのではないだろうか。

ではどのような方法が有効なのか。実は古琉球の歴史的特質を探るには、東南アジアの歴史が大きなヒントになる。

私はかつて、海域史研究を手がける先生に「上里君、古琉球は東南アジアだよ」と言われ、いぶかしく思ったことがある。だが古琉球の歴史を調べるうちに、その歴史のなかに東南アジア的側面を強く感じることになった。それは個々の事例の相似によるものではない。社会や歴史のあり方そのものが共通しているのである。

東南アジアという地域は中国とインドという大国にはさまれ、また海域世界からはイスラム教という世界宗教が流入した。大規模な平野を持たず生産力の低い島嶼部にはいくつもの「港市国家」という形態の国家が誕生し、交易によって繁栄していた。港市には海域世界から華人やイスラム商人をはじめとした多様な人々が流入し、住み着いた。歴史的に「インド化（ヒンドゥー教・仏教）」「中国化」「イスラム化」そして欧米の「植民地化」という外部からの多大なインパクトをこうむった地域であった。

だが東南アジアの本質は「中国」か「インド」か、はたまた「イスラム」か、などという問いはあまり意味がない。東南アジアの人々は在来のものをベースに、外からのさまざまな「借り物」を自らの主体的な選択によってアレンジし、「東南アジア」としかいえない歴史・社会・文化を築いたのである。そしてそれが単純に「東南アジア」ではひとくくりにできないような、多様な社会も生み出すことになった。

桃木至朗は、東南アジアは固定化されない「不安定な生成流転の渦」によって成り立つ社会で、世界宗教・世界文明のような《原理的オリジナリティー》を主張しないと説く。また「国家を支える制度、神話、宗教などの諸要素は、インドや中国やアラビアからきたものばかりだ。オリジナリティーはそれらの採り入れ方、組み合わせ、機能のさせ方にある」と主張する（『歴史世界としての東南アジア』）。

これはまさに古琉球の世界ではないだろうか。古琉球が東南アジアの港市国家と共通点があるとの指摘は何度かされているが、さらに踏み込んで社会のありようそのものまで考えてみる必要がある。

これまでもみてきたように、古琉球はヤマト（日本本土）文化に非常に近い関係を持ちながらも、国内外の体制は中国無しでは成り立たない政治・社会システムを築き上げた。政治・交易中枢は那覇・首里に一極集中し、港湾都市にはさまざまな外来者が住み、単一のエスニシティを持たない彼らは、琉球の権力内部に他者ではない「われわれ」として深く関与し、交易活動が成り立っていた。このありようは東南アジアのありようとまったく同じである。ちなみに桃木も「琉球王国は東南アジア的性格をもつ」と述べている。

琉球の政治・文化・社会のあらゆる事象は「内」「外」のさまざまな要素を組み合わせ、総合することで全体として初めて機能したのであって、そこに内在する日本・中国どちらの純粋な《原理的要素》を抽出したところで、それらは全体のなかのバラバラになったパーツにすぎず、そこに琉球の「本質」を探ろうとしても、すでに琉球のものではなくなっている（そもそも日本の歴史も本当は《原理的》なものではありえず、外からの借り物を総合して成り立っているのだが）。

「日本」か「中国」かという《原理的オリジナリティー》を抽出し、起源や出自で琉球の歴史をはかることがその「本質」を見出すことである、という考えはもうやめにしたほうがいいのではないだろうか。どのような文化が流入し、どのような人々が来ようとも、南西諸島に住む人々は数百年の歴史の過程でそれらを選択的に受容、自己流に改造し、「琉球」と呼ぶしかない主体を自らの手で作り上げた。それこそが琉球の独自性、「本質」なのである。

沖縄の個性を軽視し、観念的な「日本」に画一的に塗りつぶすのではなく、歴史的に形成されてきた現在の「日本」社会のなかに「琉球・沖縄」という独自の歴史的経験を持つ地域があった事実を知ること、それこそがより多彩でバリエーションある豊かな日本の社会を構想することにもつながるのではないかと思う。

〈主な参考文献〉

安里進『考古学からみた琉球史　上』（ひるぎ社、一九九〇）
安里進・春成秀爾編『沖縄県大泊浜貝塚』（科研報告書、二〇〇一）
安里進『琉球の王権とグスク』（山川出版社、二〇〇六）
荒木和憲「一五・一六世紀の島津氏―琉球関係」（『九州史学』一四四号、二〇〇六）
生田滋「琉球国の「三山統一」」（『東洋学報』六五巻三・四号、一九八四）
池田榮史「琉球王国成立以前―奄美諸島の位置付けをめぐって―」（『前近代の東アジア海域における唐物と南蛮物の交易とその意義』科研報告書、二〇〇六）
池田榮史編『古代中世の境界領域　キカイガシマの世界』（高志書店、二〇〇八）
池谷望子・内田晶子・高瀬恭子編『朝鮮王朝実録琉球史料集成』（榕樹書林、二〇〇五）
伊藤幸司『中世日本の外交と禅宗』（吉川弘文館、二〇〇二）
伊藤幸司「大内氏の琉球通交」（『年報中世史研究』二八号、二〇〇三）
伊藤幸司「一五・一六世紀の日本と琉球」（『九州史学』一四四号、二〇〇六）
伊従勉「方法としての沖縄―南島論の脱構築にむけて」（『建築思潮』三号、一九九五）
入間田宣夫・豊見山和行『日本の中世5　北の平泉、南の琉球』（中央公論新社、二〇〇二）
上里隆史「琉球の火器について」（『沖縄文化』九一号、二〇〇〇）
上里隆史「古琉球・那覇の「倭人」居留地と環シナ海世界」（『史学雑誌』一一四編七号、二〇〇五）
上里隆史「一五～一七世紀における琉球那覇の海港都市と宗教」（『史学研究』二六〇号、二〇〇八）
上里隆史「琉球王国の形成と展開」（桃木至朗編『海域アジア史研究入門』岩波書店、二〇〇八）
上里隆史「毛国鼎の琉球渡来とその歴史的意義」（『第一一回琉中歴史関係国際学術会議論集』、二〇〇八）
上里隆史『琉日戦争一六〇九　島津氏の琉球侵攻』（ボーダーインク、二〇〇九）
上里隆史「琉球の大交易時代」（荒野泰典・石井正敏・村井章介編『日本の対外関係4　倭寇と「日本国王」』吉川弘

文館、二〇一〇）
上里隆史「島津軍、琉球侵攻」（『歴史群像』一〇八号、二〇一一）
上里隆史「古琉球社会の特徴と沖縄島の港湾機能」（『沖縄文化』一一〇号、二〇一一）
上田信『中国の歴史9　海と帝国』（講談社、二〇〇五）
上原静「高麗瓦と琉球史」（天野哲也・池田榮史・臼井勲編『中世東アジアの周縁世界』同成社、二〇〇九）
榎本渉『東アジア海域と日中交流』（吉川弘文館、二〇〇七）
大木昌「東南アジアと「交易の時代」」（『岩波講座世界歴史15　商人と市場』岩波書店、一九九九）
岡本弘道「琉球王国における貢納制の展開と交易」（加藤雄三・大西秀之・佐々木史郎編『東アジア内海世界の交流史』人文書院、二〇〇八）
岡本弘道『琉球王国海上交渉史研究』（榕樹書林、二〇一〇）
大田由紀夫「ふたつの「琉球」―13・14世紀の東アジアにおける「琉球」認識―」（『13〜14世紀の琉球と福建』科研報告書、二〇〇九）
加治順人『沖縄の神社』（ひるぎ社、二〇〇〇）
亀井明徳「南西諸島における貿易陶磁器の流通経路」（『上智アジア学』一一号、一九九三）
喜舎場一隆『近世薩琉関係史の研究』（国書刊行会、一九九三）
木下尚子編『一三〜一四世紀の琉球と福建』（科研報告書、二〇〇九）
黒嶋敏『中世の権力と列島』（高志書院、二〇一二）
黒嶋敏・屋良健一郎編『琉球史料学の船出―いま、歴史情報の海へ』（勉誠出版、二〇一七）
佐伯弘次「一五世紀後半以降の博多貿易商人の動向」（『東アジアと日本』二号、二〇〇五）
瀬戸哲也「中国・本土産陶磁器等の組成から見た一六〜一七世紀の沖縄」（『沖縄考古学会創設四〇周年記念シンポジウム　考古学からみた薩摩の侵攻四〇〇年』沖縄考古学会、二〇〇九）
高梨修『ヤコウガイの考古学　ものが語る歴史10』（同成社、二〇〇五）
高橋公明「琉球王国」（『岩波講座日本通史10』岩波書店、一九九四）
高良倉吉『沖縄歴史への視点』（沖縄タイムス、一九八一）

高良倉吉『琉球王国の構造』（吉川弘文館、一九八七）
高良倉吉『新版琉球の時代』（ひるぎ社、一九八九）
高良倉吉「山北監守をめぐる問題点」（高良倉吉『琉球王国史の課題』ひるぎ社、一九八九）
高良倉吉「琉球王国の展開―自己変革の思念、「伝統」形成の背景―」（『岩波講座世界歴史一三　東アジア・東南アジア伝統社会の形成』岩波書店、一九九八）
高良倉吉「琉球・沖縄への眼差し」（『柳田國男全集』三二巻月報３０、筑摩書房、二〇〇四）
高良倉吉「琉球史研究をめぐる四〇年」（『沖縄文化』一〇〇号、二〇〇六）
田名真之「古琉球の久米村」（琉球新報社編『新琉球史　古琉球編』琉球新報社、一九九一）
田中健夫『倭寇』（教育社歴史新書、一九八二）
田中健夫『東アジア通交圏と国際認識』（吉川弘文館、一九九七）
知名定寛『琉球仏教史の研究』（榕樹書林、二〇〇八）
豊見山和行「琉球国の地域的構造について」（網野善彦・石井進・鈴木稔編『中世日本列島の地域性―考古学と中世史研究6―』名著出版、一九九七）
豊見山和行編『日本の時代史18　琉球・沖縄史の世界』（吉川弘文館、二〇〇三）
豊見山和行『琉球王国の外交と王権』（吉川弘文館、二〇〇四）
徳永和喜「琉球渡海朱印状の一考察」（『西南地域史研究』第三輯、一九八〇）
徳永和喜「島津氏の印判に関する研究」（『黎明館調査研究報告』四集、一九九〇）
永山修一「キカイガシマ・イオウガシマ考」（笹山晴生先生還暦記念会編『日本律令制論集　下』吉川弘文館、一九九三）
新名一仁「三宅国秀・今岡通詮の琉球渡航計画をめぐる諸問題」（『九州史学』一四四号、二〇〇六）
橋本雄『中世日本の国際関係』（吉川弘文館、二〇〇五）
橋本雄『中華幻想　唐物と外交の室町時代史』（勉誠出版、二〇一一）
浜下武志『沖縄入門―アジアをつなぐ海域構想』（ちくま新書、二〇〇〇）
福島金治「戦国島津氏琉球渡海印判状と船頭・廻船衆」（有光學編『戦国期印章・印判状の研究』岩田書院、

二〇〇六）
平敷令治「ビジュル信仰」（窪徳忠編『沖縄の外来宗教―その受容と変容』弘文堂、一九七八）
村井章介『東アジア往還』（朝日新聞社、一九九五）
村井章介「古琉球をめぐる冊封関係と海域交流」村井章介・三谷博編『琉球からみた世界史』（山川出版社、二〇一一）
村井章介『境界史の構想』（敬文舎、二〇一四）
桃木至朗『歴史世界としての東南アジア』（山川出版社、一九九六）
桃木至朗編『海域アジア史研究入門』（岩波書店、二〇〇八）
矢野美沙子『古琉球期首里王府の研究』（校倉書房、二〇一四）
山内晋次「日宋貿易の展開」（加藤友康編『日本の時代史6　摂関政治と王朝文化』吉川弘文館、二〇〇二）
山下真一「中近世移行期の種子島氏」（『日本歴史』六九四号、二〇〇六）
山本正昭・上田圭一・矢作健二・石岡智武「首里城御内原西地区調査出土瓦の胎土分析とその検証」（『紀要沖縄埋文研究』五号、二〇〇八）、
真栄平房昭「近世琉球における航海と信仰―「旅」の儀礼を中心に―」（『沖縄文化』七七号、一九九三）
真栄平房昭「一六～一七世紀における琉球海域と幕藩制支配」（『日本史研究』五〇〇号、二〇〇四）
真喜志瑤子「史料にみる琉球の弁財天信仰」（『南島史学』四二号、一九九三）
的場節子『ジパングと日本―日欧の遭遇』（吉川弘文館、二〇〇七）
宮家準「神社信仰について」（九学会連合沖縄調査委員会編『沖縄―自然・文化・社会―』弘文堂、一九七六）
柳原敏昭「中世前期南薩摩の湊・川・道」（藤原良章・村井章介編『中世のみちと物流』山川出版社、一九九九）
與那覇潤『翻訳の政治学―近代東アジア世界の形成と日琉関係の変容―』（岩波書店、二〇〇九）
和田久徳「東南アジアの都市と商業」（『中世史講座三　中世の都市』学生社、一九八二）
和田久徳『琉球王国の形成―三山統一とその前後』（榕樹書林、二〇〇六）

新装版　あとがき

本書は二〇一二年に洋泉社から刊行された『海の王国・琉球』の新装版である。

旧版はおかげさまで好評を博し、二〇一四年時点で在庫が尽きた状態となったが、以降、たびたび読者からの問い合わせがあった。さらに数年が経過して状況が変わらなかったので出版元の洋泉社に相談したところ、今後の再版は難しいとの回答をいただいた。

古琉球についての近年の歴史研究の成果を一般書としてまとめた書籍はほとんどなく、また沖縄の地元において本書が読まれる意義はまだ残されているということで、ボーダーインクの新城和博さんに相談し、新装版の刊行を快諾していただいた。新城さんと、私の無理なお願いをご理解いただいた洋泉社と旧版編集担当の長井治さん、また本書への古琉球の那覇港イラスト掲載を許可いただいた香川元太郎さんにこの場を借りて感謝の意を述べたい。

新装版については旧版の誤字・脱字の訂正と部分的な追記を行い、なるべく旧版の論旨を崩さないようにした。本書自体が二〇一二年時点での「記録」であることも考慮してのことである。この数年の研究成果を完全に反映したものではないかもしれないが、それらは他の研究者の手による新たな本に任せようと思う。

ここで近年の古琉球史研究の大きな進展を簡単に述べると、若手研究者らが共同で古文書学的な解明を進め、多くの知見がもたされたことである。東京大学史料編纂所のプロジェクトで、「島津家文書」に残る古琉球（一五世紀）から近世琉球初期（一七世紀）の琉球関係文書について、書式や印鑑、花押、紙質などの分析を行った。その成果は黒嶋敏・屋良健一郎編『琉球古文書学の船出　いま歴史情報の海へ』（勉誠出版、二〇一七年）として世に出された。古琉球史研究が今や精緻な細部の分析の段階へとその駒を進めている。こうした流れはさらに加速していくだろう。『海の王国・琉球』は古琉球史研究の「見取り図」となることも意識して書いたものでもある。今後、精緻な研究が進むなかで羅針盤としての役割を果たすことができれば幸いである。

序章の追記でも若干述べたが、近年の沖縄における琉球史の普及には目を見張るものがある。一九七〇年代より先学が地道に「琉球史」の種をまき（研究の基礎を作り）、その苗を、私を含めた次世代が畑に植え（普及させ）、その苗は大輪の花を咲かせ、果実が実り、一般の人々が収穫する時期がついに来たと実感する。私も苗植えの作業に少しばかり関わることができたのは幸いだったが、今は多くの人とともに花を観賞し果実を味わうのではなく、次の季節の種探しと苗を育てることに注力できればと考えている。

国境と海を越えた古琉球の歴史を知ることこそ、現在の日本社会に必要とされているのではないだろうか。閉塞する社会に連動して、内に閉じこもり他者を排斥する歴史観が跋扈している。そのなかで沖縄の歩んだ独自の歴史は消去、修正すべき対象となっている。しかし彼らがどんなに抵抗しようとも、日本は国際社会の渦中に否が応でもさらされていく。やがて今の夜郎自大な「流行り」も廃れる時が来るだろう。その時に本書が何らかの「気づき」をもたらすことになればと願っている。

著者

著者プロフィール

上里隆史　（うえざとたかし）

1976年生まれ。琉球大学法文学部（琉球史専攻）卒業。早稲田大学大学院文学研究科修士課程修了。現在、法政大学沖縄文化研究所国内研究員。第13回窪徳忠琉中関係研究奨励賞受賞。ＮＨＫドラマ「テンペスト」時代考証、ＯＴＶドラマ「ハルサーエイカー」歴史アドバイザーもつとめる。

主な著書

『目からウロコの琉球・沖縄史』（ボーダーインク、2007）、『誰も見たことのない琉球』（ボーダーインク、2008）、『琉日戦争一六〇九　島津氏の琉球侵攻』（ボーダーインク、2009）、『ぞくぞく！ 目からウロコの琉球・沖縄史』（ボーダーインク、2010）、『あやしい！目からウロコの琉球・沖縄史』（ボーダーインク、2014）、『海の王国・琉球 —「海域アジア」屈指の交易国家の実像』（洋泉社歴史新書ｙ、2012）、『琉球戦国列伝〜駆け抜けろ！古琉球の群星たち！』（ボーダーインク、2012）、『たくさんのふしぎ　琉球という国があった』（福音館書店、2012）ほか。

新装版
海の王国・琉球
「海域アジア」大交易時代の実像

2018年3月25日　第1刷発行

著　者　上里　隆史
発行者　池宮　紀子
発行所　㈲ボーダーインク
沖縄県那覇市与儀226-3
http://www.borderink.com
tel 098-835-2777
fax 098-835-2840
印刷所　でいご印刷

ISBN978-4-89982-339-1 ©UEZATO Takashi 2018 printed in OKINAWA Japan